Bibliothèque de Th. de Jonghe

Jean Baptiste Joseph Innocent Philadelphe Régnault[?] [...]tions civivain, pendant la révolution et, successivement militaire de la place de Verdun, employé à l'état major [...] rue des Ardennes adjoint, à l'adjudant général [...] né à Bar le Duc le 25 décembre [...] [...]ges dont la nomenclature [...] M. Quérard militaire. VIII. p. 501.

LK⁷ 4013

LILLE
ANCIENNE
ET
MODERNE.

PORTE DE LA VILLE DE LILLE DU COTE DE LA FRANCE,
dite des Malades.
Érigée par le Magistrat en 1682. a la Gloire de LOUIS XIV.

LILLE
ANCIENNE
ET
MODERNE,

PAR

M. J. J. REGNAULT-WARIN.

...... Ils auront du pain, et assez largement ; mais ils n'auront que du pain et des fruits de leur propre terre, gagnés à la sueur de leur visage.
Télémaque, Liv. XII.

A LILLE,

Chez CASTIAUX, Libraire, grand'place, coin de la rue de la Nef.

Et se trouve à Paris, chez DUJARDIN, Libraire, rue de la Harpe.

1803. — AN XII.

AVANT-PROPOS.

Tout ce qu'on peut écrire sur une ville, soit l'histoire de sa fondation, ou le tableau de son accroissement, soit la description de ses monumens, ou l'examen de ses institutions, soit enfin les observations qu'inspirent et les réflexions que font naître les mœurs et le génie de ses habitans ; tout cela, voulons-nous dire, quelqu'intérêt que d'ailleurs il commandât au penseur et au politique, ne franchiroit pas les limites de la localité qui fait son objet, si l'auteur, par un essor plus élevé, et en même-temps plus utile, ne le rattachoit pas à des idées plus générales, et, pour ainsi dire, à la vaste sphère du système universel. C'est en adoptant cette marche, que l'ouvrage, dont le sujet semble le plus circonscrit, trouve des lecteurs par-tout où il y a des hommes ; c'est pour l'avoir négligée, que des écrits, qui par leur nature, eussent dû provoquer toutes les curiosités, se sont, dès leur naissance, enfoncés dans l'oubli. En effet, que m'importent, je suppose, des chronologies arides, qui n'offrent, pour tout aliment à l'inquiétude publique, que des noms et des dates? Que me fait, dans la relation d'une bataille, la nomenclature de quelques manœuvres, que le seul tacticien sait apprécier? A quoi me servira de connoître, à quelques lignes près, le toisé de tel édifice, ou l'espèce d'arbres dont est plan-

Avant-propos.

tée telle promenade? Que, dans l'immense travail d'une description, l'auteur, quittant, pour quelques momens, la palette du peintre, saisisse le crayon du géographe, ou la plume du mathématicien, j'y souscris, et j'applaudis aux ressources ingénieuses qui, dans la variété des objets, présentent à mon entendement divers points de repos. Mais que de ces détails minutieux, il fasse son occupation principale; que de l'énumération technique des ouvrages dont se compose une fortification, il me traîne sur le registre des marchandises soumises à l'octroi; voilà ce que je supporterai difficilement, ou plutôt ce que je rejetterai avec dégoût; je repousserai, jusque dans la poudre de mes dernières tablettes, l'insipide volume auquel je ne ferai l'honneur de l'ouvrir, que comme l'on consulte un Guide des postes.

Qui prétend à des suffrages plus glorieux et à des succès plus durables, se gardera de croupir dans cette ornière. Dût-il être accusé d'orgueil, il fera de ses compositions le centre et, s'il est permis de le dire, le rendez-vous de ses connoissances et de ses sentimens. Ceux-ci réfléchiront sur elles leur chaleur, les autres leur lumière. Dès-lors, l'horizon de ses idées s'élargit; il n'a à peindre qu'un point, mais ce point emprunte de tout ce qui l'entourre ses formes et son coloris. C'est ainsi, que dans un tableau, le sujet principal ne vaut quelquefois que par les accessoires.

AVANT-PROPOS.

Heureux l'auteur qui peut choisir les siens dans ce qui tient par essence aux destins de l'homme! Tracer des portraits, n'est souvent que servir la malignité; mais analyser des caractères, c'est se rencontrer avec cet indicible sentiment de curiosité qui agite toute notre vie. Les envisager sous le point de vue qui les confonde avec la marche du corps social, ce seroit, si le talent répondoit à l'intention, mériter les regards de tous ceux qui le composent.

Je ne puis qu'indiquer ici bien succinctement des principes dont le développement, et sur-tout l'application, seroient aussi utiles aux écrivains qu'agréables aux lecteurs. Je dois me borner à démontrer à ceux qui me feront l'honneur d'être les miens, de

AVANT-PROPOS.

quelle manière je les ai suivis dans la composition de l'ouvrage qu'ils vont avoir sous les yeux.

M. l'abbé de M., qui donna il y a près de quarante ans, une histoire de Lille, en avoit compris toute l'importance. Cet auteur, doué d'un esprit qu'enrichissoit l'érudition, sentit que, pour faire valoir l'une par l'autre, il falloit sortir du cercle rétréci des opinions locales, pour s'élancer à des conceptions plus relevées. Rien de plus louable que ce dessein, qui par le double prestige de l'amour-propre et de la curiosité, interressoit à des chroniques privées, la nation littéraire et pensante. Mais quel ressort employa pour parvenir à ce but, M. l'abbé de M.? Au lieu de favoriser le sentiment universel, en se rencon-

AVANT-PROPOS.

trant avec les opinions dont il se compose, cet écrivain aima mieux se l'aliéner, en les heurtant. Cuirassé, pour ainsi dire, d'un philosophisme frondeur, il oublia qu'il étoit contre la décence de sa profession, autant que contre la sûreté sociale, derompre en visière la plupart des institutions, comme il étoit contre la vérité d'ériger en assertions ce qui devoit être réputé doutes, et de mettre en question presque tout ce qui étoit résolu. Toute cette marche frauduleuse, que l'historien de Lille avoit calquée sur celle de M. de Voltaire, historien de l'univers, s'accordoit parfaitement avec le système de discussion et même de combat, que la philosophie moderne avoit organisé contre la majesté de la religion, et contre la tranquillité des états. Malheureusement pour le chanoine de St. Pierre, le territoire de Lille n'étoit nullement propre à recevoir, encore moins à faire germer ces semences philosophiques: après avoir lu son livre, il resta aux honnêtes citoyens le regret de voir des talens réels prostitués à une doctrine perverse. Quelques Aristarques le firent passer au creuset d'une censure sévère, mais exacte; ils ne firent grâces ni à ses idées novatrices, ni à ses pensées audacieuses, ni à ses opinions paradoxales, ni à ses raisonnemens infectés de sophismes. Ils relevèrent, sans ménagement, les erreurs multipliées, les divagations fréquentes, les omissions nombreuses, et jusqu'aux incorrections dont M. de M. s'étoit rendu coupable. Nous avouerons, que les critiques apportèrent dans cet examen une acrimonie trop marquée. En méditant l'histoire de Lille, nous avons cru y remarquer que, malgré sa morgue philosophique, l'auteur est souvent animé de bonnes intentions, présente par fois des vues saines, et s'exprime presque toujours avec autant de correction que de facilité. Voilà, ce qu'en observant ses écarts, il étoit de toute impartialité de ne pas taire ; nous les avons combattus quelquefois, et ce témoignage de notre estime pour les choses que nous en croyons dignes, prouvera que c'est contre notre gré, que nous avons traité en antagoniste celui que nous eussions désiré citer plus souvent et considérer toujours.

Trente ans avant l'abbé de M., M. Tirou, *avoit publié sous le même titre d'histoire de Lille, une sorte de recueil indigeste et prolixe, plein d'incohérences, de citations hasardées, de contradictions manifestes, et tracé d'un style trivial et plat. Il est vrai, que pour la justification de cet écrivain, il faut observer que n'étant pas Français, la langue de Fénélon ne lui étoit pas familière. Son ouvrage, d'ailleurs, où se remarque un esprit simple et une expression naïve, ne laisse pas que d'être utile, sous quelques rapports. Il ne se pique nullement de philosophie, mais d'exactitude, qu'il pousse souvent jusqu'à la minutie. Il a conservé la tradition de quelques coutumes, dont nous avons fait usage; et tout en condam-*

nant sa manière, comme littérateur, nous devons rendre justice, comme citoyen, à son amour pour la patrie, à son respect pour les convenances et pour les institutions qui assurent à la fois la prospérité des gouvernemens et la tranquillité des nations.

Présenter, sous quelques traits, l'idée du travail de mes prédécesseurs; indiquer, d'une part, les principes ou les opinions qui les ont dirigés, et de l'autre les erreurs dans lesquelles j'ai cru qu'ils étoient tombés; c'est en même-temps annoncer la méthode que j'ai suivie, et peut-être provoquer les censures que je puis avoir encourues.

D'abord cette méthode ne pouvoit être que la suite de mes principes connus et depuis long-temps établis. Malgré la juste répugnance qu'on doit éprouver à parler de soi, il n'est peut-être pas inutile de rappeller, que ces principes et les opinions qui en émanent, ont été consacrés avec quelqu'énergie dans une suite d'ouvrages, dont l'indulgence publique, j'oserois même dire relativement à quelques-uns, l'assentiment de l'Europe ont récompensé l'intention par des succès inespérés. Il faut justifier cette indulgence, par laquelle d'ailleurs on a pu vouloir accueillir ma jeunesse aussi bien que mon zèle. C'est en soutenant avec la même constance des maximes, heureusement reconnues pour conservatrices des états; c'est en combattant, malgré les ruses de l'ambition, réduite à calomnier depuis qu'elle n'égorge plus; c'est en *anéantissant, s'il est possible, les doctrines contraires, toutes, plus ou moins subversives de la saine morale et de la véritable politique.*

Voilà ce qui explique la sorte de teinte religieuse et monarchique qui domine dans la description de Lille. Ici, je dois aux esprits susceptibles cette interprétation, que je n'entends pas plus par monarchie *la restauration du régime des rois, que par* religion *le triomphe de la superstition ou du fanatisme. Ennemi, plus ou moins déclaré, mais toujours sincère et véridique des fantômes de gouvernement et de culte, qui durant deux lustres ont foulé ma patrie; je me plais à proclamer, (quoique je sente fort bien que mon suffrage importe peu à l'état;)*

oui j'aime à avouer que les victoires de la religion et celles du gouvernement comblent tous mes vœux. Les unes ont repoussé dans ses repaires ténébreux le monstre de l'athéisme ; les autres ont pour jamais, (concevons-en l'espoir) muselé l'anarchie ; réunies, elles ont sauvé la nation de ses propres fureurs et de sa propre corruption. Comment ne pas bénir l'auteur de tant de bienfaits ? En revenant, dans mon ouvrage, sur des souvenirs qui lui sont chers, j'ai voulu, autant qu'il a été en moi, m'associer à ses idées ; les miennes ne sont pas riches : mais le denier de la veuve est-il à dédaigner ?

M'en voici au point que je voulois prouver. Je n'ai point eu la prétention d'écrire une savante histoire de la ville de Lille. Ses annales, peu chargées, se prêteroient mal à la majesté de la muse historique. Elles m'ont paru offrir davantage au pinceau du descripteur. Aussi, n'ai-je entrepris qu'une description; mais afin de la rendre moins stérile, j'ai cru pouvoir la réchauffer par quelques élans poétiques et pitoresques auxquels d'ailleurs elle peut très-aisément convenir. C'est par ces touches intermédiaires que mon tableau, qui semble ne devoir être exposé qu'au muséum lillois, pourra paroître sans déshonneur dans celui de la France.

Il est juste que je paye ici aux écrivains qui ont éclairé mes recherches, le tribut de ma reconnoissance. Je les indique autant par ce sentiment, que pour rappeller aux lecteurs qu'ils ont ouvert les sources où j'ai puisé les dates et les faits. De ce nombre sont les auteurs des Délices des Pays-Bas, qui m'ont fourni la nomenclature de la plupart des gens de lettres lillois; celui du Guide des étrangers à Lille, petit ouvrage instructif et très-exact; celui de l'Annuaire statistique du nord, (an 11.) lequel, dans un almanach, a trouvé le secret d'interresser à la fois le moraliste, le politique, l'artiste et l'historien; MM. Robert de Iesseln et Camus, le premier, rédacteur du Dictionnaire universel de la France; le second, membre de l'institut, et auteur d'un Voyage dans les départemens de la Belgique et du Rhin. Je n'ai que faire de répéter les noms et le titre des ouvrages de mes prédé-

AVANT-PROPOS. xix

cesseurs dans la carrière où je viens de faire quelques pas.

Avant de me juger sur l'ensemble d'un travail, en soi fort ingrat, je demande qu'on en examine le plan et ses divisions; comme avant de prononcer sur les détails, je crois qu'il faut en reconnoître la nature, en vérifier la nécessité, l'utilité, ou du moins l'agrément. A l'égard du style, on seroit injuste d'y exiger la grave sévérité et la simplicité noble de l'historien; je me suis bien gardé de revêtir de cet appareil imposant un livre, dont les matières bigarrées, ne sont supportables que par la variété de la diction. J'ose quelquefois, mais rarement, toucher à la trompette de Clio; quelquefois je saisis les crayons du peintre; souvent le *compas du géomètre, et plus souvent encore, la plume de l'observateur. Puisse-t-on reconnoître dans ces différens essais l'ami des lois et des mœurs, l'homme indulgent, l'écrivain impartial, le juste appréciateur d'une ville recommandable, et, en un mot, le véritable citoyen!* (1)

---

(1) Peu d'ouvrages ont été plus multipliés que les géographies. Nous en avons de toutes les formes et sous tous les titres. Je crois, malgré cette abondance, pouvoir cependant avancer, non seulement que nous ne possédons pas une bonne géographie générale, mais que les topographies particulières sont plus ou moins fautives, par plusieurs considérations. Celles dont l'exactitude fait le mérite, sont privées de celui du style; quelques-unes, passablement écrites, pêchent du côté de la vérité, ou de la précision. Ces

défauts ont pour cause l'ignorance des littérateurs, ou le dédain des savans. Les premiers, contens d'arrondir des périodes, négligent les faits; les autres, bornant leurs soins aux choses, méprisent l'art de les embellir par les mots. Le sage ministre, sous l'influence duquel commence à refleurir l'instruction, paroît convaincu de ce double inconvénient; et c'est, sans doute, pour y remédier, qu'il a chargé les administrations centrales de dresser chacune la statistique de son arrondissement; ce qui, si l'on en juge par quelques échantillons de ce travail, ne se réduira pas à une description technique des localités; mais présentera le tableau, exact pour les choses, et animé par la diction, de la moralité, des institutions, et sur-tout (objet tout à fait nouveau et toujours négligé) celui des productions naturelles. Lorsque tant de matériaux précieux auront été réunis, de toutes les parties de l'empire, il ne faudra plus qu'un architecte habile pour en composer l'édifice magnifique et régulier d'une véritable géographie de la France. Un tel ouvrage satisfera à la fois le savant qui mesure des degrés, le navigateur qui cherche de nouvelles latitudes, l'astronome qui assigne au globe de nouvelles révolutions, le naturaliste qui étudie dans les trois règnes des propriétés jusqu'alors inconnues : enfin, si par la magie de l'élocution, il plait à toutes classes, combien n'aura-t-il pas d'intérêt pour l'observateur qui y trouvera de nouveaux objets et de nouveaux alimens à ses méditations? Je n'offre la description de Lille que comme une des moindres pierres destinées à ce monument; mais peut-être inspirerai-je à de meilleures têtes que la mienne, l'idée de réaliser, en faveur de plusieurs villes importantes, ce que j'ai essayé pour celle-ci. Après avoir indiqué la route, m'y voir devancé est mon désir; et le succès de mes émules sera ma récompense.

LILLE

ANCIENNE ET MODERNE.

LIVRE PREMIER.

CHAPITRE PREMIER.

Origine et fondation de Lille.

L'Esprit qui agita la seconde moitié du dernier siècle, impose aux écrivains de celui-ci une tâche à la fois glorieuse et pénible. Un système dès long-temps conçu, savamment combiné, développé avec adresse, embrassa simultanément toutes les parties de l'entendement des hommes; d'où, se fécondant par l'application, il parvint à infecter toutes les branches de l'ordre social. Il est aujourd'hui permis, non seulement de dénoncer cette espèce de conspiration ourdie par la fausse philosophie, contre la religion, les gouvernemens et les mœurs; mais d'en signaler tous les caractères, d'en expliquer toutes les ruses, d'en étaler tous les résultats. De cette analyse douloureuse, mais utile; de ces tableaux épouvantables, mais instructifs, sortiront des leçons salutaires, quoique terribles, qui, armant la postérité d'une défiance motivée, la préserveront des idées ambitieuses et des innovations criminelles. On aura pu comparer l'orgeuil des projets à la misère des entreprises, et aux rêves de la présomption, le danger des résultats. Quel esprit assez mal sain, quel cœur insensible ne tirera pas d'une telle étude, cette conséquence expérimentale : que ce qu'on appelle abus fait souvent partie de l'édifice politique; que ce que l'on regarde comme préjugé, forme, avec le temps, la raison nationale; et que toucher aux uns et aux autres, d'une main témérairement réformatrice, c'est exposer à périr sous des ruines et le gouvernement qu'on prétend modifier, et le peuple qu'on dit vouloir secourir.

En attendant qu'une voix éloquente, s'élevant du milieu des ruines publiques, contraigne l'ignorance et la vanité à fléchir sous le poids de ces maximes, invariablement fixées et présentées dans un enchaînement méthodique; il est, je crois, du devoir de tout écrivain honnête homme, d'en établir partiellement de semblables, et d'en faire l'ame de ses ouvrages. Si la sagesse empruntée du dix-huitième siècle empoisonna de sa doctrine universellement destructive, toutes les ramifications de la société, pourquoi ne pas opposer aux blessures qu'elle a faites avec tant de profusion, des remèdes administrés avec ménagement? Le gouvernement réparateur sous lequel la France respire, diminue, autant qu'il le peut, le fardeau des calamités; si chacun, animé du même esprit, tendoit au même but, par les moyens que la providence lui a commis, il ne nous resteroit bientôt plus de nos souffrances, qu'un léger souvenir.

De toutes les productions émanées de l'intelligence humaine, il n'en est point qui, plus que l'histoire, ait une influence directe sur les mouvemens de nos affections en particulier, et en général sur les destins des empires. Des événemens écoulés, elle déduit des règles pour le présent et des maximes pour l'avenir. Elle offre des leçons et des spectacles aux peuples, des préceptes et des exemples aux monarques. Toujours présente et toujours animée, elle exerce une sorte de sacerdoce qui fait ployer jusqu'aux tyrans. De quelle importance n'étoit-il donc pas aux desseins des réformateurs, de l'altérer et de la corrompre! Aussi, sous la plume de Mr. de Voltaire, leur principal organe, l'histoire, jusqu'à lors grave, véridique et sévère, changea-t-elle de génie et de marche. De dépositaire fidèle des faits, elle devint tour à tour, et ensemble quelque fois, le hérault du mensonge et le propagateur du sophisme. Elle ne rougit pas de troubler les sources chronologiques, pour motiver ses nouvelles données; de falsifier les dates, pour les accorder avec des événemens controuvés; de déplacer, de tortionner et quelquefois même d'imaginer des événemens, pour établir, par des apperçus trompeurs, un système erronné. Cessant sur-tout de remonter à la cause primordiale des mouvemens de l'univers, il ne tint pas à elle que Dieu, exilé des consciences, fut, pour ainsi dire, confiné solitaire, sans pouvoir et sans influence, dans un ciel fantastique. La matière agitée, par je ne sais quel souffle inexplicable et fortuit; voilà le spectacle que l'on substitua à celui d'une providence gubernatrice. Les grandes scènes du drame de l'humanité, ne prirent plus leurs causes dans les profondeurs éternelles; on leur supposa des origines viles, charnelles et quelquefois mesquines, auxquelles un peu plus, ou un peu moins d'effervescence dans les humeurs donnoit l'impulsion. La métaphysique s'étoit chargée d'expliquer l'organisation de la matière ; l'histoire se ravala à tenir registre de ses mouvemens.

Ce spinosisme, qui des fastes du monde, s'étoit étendu jusqu'aux annales privées, avoit dû bannir, comme en effet il avoit banni de toute narration, les idées poétiques qui, en dernière analyse, ne peuvent être que les pensées religieuses, conçues dans un cœur généreux, élaborées par un esprit cultivé et exprimées dans un idiôme choisi. Du sommet de son escarpement, la raison, précipitant tout ce qui appartenoit aux émotions du sentiment, renonçoit à ces traditions, que leur merveilleux fesoit appeller populaires, et que leur popularité flétrissoit du nom de fables. On ne s'appercevoit pas qu'en dédaignant ainsi, ce que d'antiques usages et des expressions proverbiales avoient consacré, on desséchoit dans les cœurs cette sève de sensibilité précieuse qui enfante les héros. La muse de l'histoire, cessant tout à coup de se montrer comme une immortelle, parmi les nuages vagues, mais brillans, de la tradition orale, étoit devenue une prude pointilleuse, qui n'admettoit les récits historiques que mesurés au compas, faisant grâces toutes fois aux romans qui favorisoient la bizarre audace de ses innovations.

Dès-lors furent desenchantés l'origine de toute nation et le berceau de chaque famille. Sous le prétexte vain de rendre hommage à la vérité, on dissipa ces prestiges charmans, qui, de temps immémorial, illustroient leurs sources. On oublia, ou plutôt l'on feignit d'oublier, que les peuples, ainsi que les grands fleuves, étoient moins recommandables par leur fortune présente, quelque considérable qu'elle fût, que par la vétusté de leur origine. Que dis-je, la vétusté ? Par l'ignorance même qui les couvre. Quel respect aurions-nous pour le Rhône ou le Nil, si, à l'aspect de leurs ondes magnifiques, on refroidissoit notre admiration, en nous démontrant qu'elles ont pour principe un foible ruisseau ? Il en est de même des nations. L'opinion que j'ai conçue de leur origine influe sur le jugement que je porte de leur situation actuelle. J'aime à croire que ce peuple magnanime qui disputa son territoire aux brigandages des hommes et à la fureur des élémens, eût pour fondateur un héros; si c'est une illusion, gardez de la dissiper; elle a éveillé, dans mon ame, les plus nobles émotions; il y a mieux, c'est à elle que ce même peuple doit ses grands hommes d'aujourd'hui, et devra les prodiges qui l'illustreront.

 Bénis soient donc les préjugés, qui, par le ressort puissant, invincible, du merveilleux, métamorphosent les hommes en êtres surnaturels, les disposent aux plus grandes actions, et déterminent, de cette manière, les glorieuses destinées et les rangs supérieurs des peuples ! Rome eût-elle jamais envahi le monde, si des miracles n'avoient entouré le berceau de son fondateur? Oui, elle devoit conquérir l'univers, la nation dont le premier chef avoit sucé le lait d'une louve. Supprimez cette merveille, Rome n'est plus qu'une peuplade misérable, asservie bientôt par Albe, ou plus tard par la fière patrie d'Annibal.

Mais tout n'est pas mensonge dans l'origine des peuples. Ce n'est pas toujours avec des contes qu'on remue leur berceau. Heureux alors le narrateur qui découvre dans des traditions avérées, l'intérêt même d'une fiction bien ourdie! Tel est le sentiment que m'a inspiré celle à laquelle on attribue la fondation de Lille. Mon prédécesseur, qui l'a rejetée avec la hauteur de son siècle, m'en a laissé toutes les fleurs à cueillir. Quoique fondée sur plusieurs monumens, j'ai cru devoir en faire précéder le récit, des réflexions qu'on vient de lire. Il est inutile d'ajouter qu'elles conviennent moins aux superbes qui se piquent de penser, qu'aux simples qui se plaisent à sentir. Tant pis d'ailleurs, pour ceux qui, dans un narré touchant, ne verroient qu'une fable!

Clotaire, le deuxième du nom, venoit de réunir sous sa domination tout ce qui formoit alors le territoire français. C'étoit dans les premières années du sixième siècle. Ce monarque avoit commis pour gouverner la Flandre, Phinar, sur la naissance duquel l'histoire n'indique aucun renseignement positif. Seulement, il paroît constant que cet homme, doué d'un caractère à la fois pusillanime et méchant, n'usoit de son autorité que pour établir ou fortifier sa tyrannie. On ajoute même, que, pour la sauver sous un abri révéré, il avoit usurpé le pouvoir et le titre de roi de Cambrai; bravant ainsi, d'une part, la puissance suprême du souverain dont il étoit le mandataire, et de l'autre, la vindicte des peuples qu'il opprimoit, au lieu de les protéger. C'étoit sur-tout dans une forêt, épouvantablement fameuse, que ce brigand exerçoit ses violences et commettoit ses ravages; car, durant ces temps grossiers, la tyrannie, moins polie que dans les nôtres, se contentoit de faire sentir à ceux que les circonstances lui dévouoient, tout le poids de ses forces physiques : ce ne fut que long-temps après, que réduite en doctrine et assujettie à des règles, elle connut l'art de spolier sans rudesse et d'immoler avec précaution. Le rustique Phinar, escorté d'une horde féroce, se tenoit en embuscade dans les défilés; et de-là, tel qu'une bête carnassière, il se ruoit sur les passans, que leur mauvaise étoile lui adressoit, et dont son cimeterre ou sa perfidie, avoit bientôt fait des victimes sanglantes, ou des prisonniers.

Vers cette époque, la Bourgogne agitée par des dissentions intestines, venoit de céder à l'ascendant du plus grand de ses maires. Salvaër, prince légitime de Dijon, se voyoit contraint d'aller chercher parmi les Anglais, un asile que lui refusoit son propre pays. Allié de Phinar, il avoit lieu d'espérer que, dans le passage qu'il étoit forcé de lui demander par ses états, il en seroit ménagé; l'intention du fugitif étant d'ailleurs, pour gagner un port de Flandre en sureté, de payer au tyran un impôt convenu. Celui-ci, avec sa fourberie accoutumée, promit de respecter à la fois les droits du sang et ceux de l'hospitalité. Le malheureux Salvaër, accompagné de sa femme enceinte de quelques mois, et suivi par une poignée de serviteurs dévoués, se met en route; il parvint, non sans péril, jusqu'au centre de la forêt, que le faux roi de Cambrai rendoit le théâtre de ses brigandages, et que l'opinion publique, réduite à se venger par des mots, désignoit sous le nom de *Bois-sans-Pitié*.

A peine les chevaux qui portoient le prince de Dijon et sa suite eurent-ils pénétré dans l'épaisseur d'un taillis, percé d'un seul sentier étroit, et d'ailleurs très-touffu, que le traître

Phinar, qui s'étoit, avec bon nombre des siens, caché sous des arbres rapprochés, s'en élança; enflammé par le double appât du sang et de la cupidité, il fondit impétueusement sur Salvaër, qui, dans sa sécurité déplacée, n'avoit conservé d'armes que son épée. D'abord cet infortuné repoussa les atteintes de son adversaire; mais, d'un côté, assailli par un assassin aguerri et complétement armé; de l'autre, privé des siens que la bande de Phinar harceloit; ayant, en outre, à trembler pour une épouse adorée, qu'il protégeoit de son corps; il étoit bien difficile qu'il résistât long-temps. En effet, entourré de ses amis morts ou expirans; couvert lui-même de blessures, mais ayant vendu, au même prix, à son meurtrier, les restes de son sang, il céda au nombre et à la violence; pendant que son épouse, qui ne le quitta que mort, saisit pour fuir cette scène d'horreur, le moment où les bourreaux dépouilloient leurs victimes.

Pleine de trouble, en proie au désespoir, accablée de fatigue, la princesse Emelgaïde s'échappoit à travers les halliers. Une seule de ses femmes avoit eu le courage ou la possibilité de l'accompagner. Il faisoit nuit ; la lune, dont la lueur commençoit à blanchir l'horizon, pouvoit seule guider leurs pas. Elle les conduisit dans un petit vallon tout verdoyant, où, du milieu d'une touffe d'arbrisseaux plantés en amphithéâtre, jaillissoit une fontaine, dont les eaux limpides entretenoient dans ce lieu une fraîcheur agréable. Cette circonstance, à laquelle la sérénité du ciel et le silence de la nuit, ajoutoient plus de charmes, rappella les esprits d'Emelgaïde. Elle s'assit sur la pelouse humide, et pleura amèrement. Sa suivante, devenue sa protectrice et son amie, pleuroit aussi. Voilà une princesse souveraine, toute fumante du sang de son époux: elle n'a pour dais que des branches de verdure, pour courtisans qu'une fille aussi malheureuse qu'elle, et pour perspective qu'un poignard levé sur son cœur. Mais s'il est un Dieu, délaissera-t-il l'innocence, l'infortune et la beauté ?

Emelgaïde gardoit le morne silence du désespoir, quand elle vit, du fond de la vallée, s'avancer vers la fontaine, d'un pas rallenti par les ans, un hermite, appuyé d'une main sur un bâton recourbé, et portant de l'autre un vase un peu ébréché. Arrivé à la distance où il pouvoit distinguer ces femmes, dont le vêtement blanc réfléchissoit la clarté de la lune, le solitaire parut étonné. La princesse, de son côté, surmontant sa timidité habituelle, lui adressa la parole avec confiance. Elle lui conta naïvement ses revers, et implora de sa charité, ou un asile contre les poursuites de Phinar, ou un guide, qui la conduisant au port le plus voisin, la soustrairoit aux violences de ce scélérat.

Le bon cénobite, plus inspiré par la circonstance, que par son esprit, adressa à Emelgaïde toutes les consolations de l'espérance et de la piété.

Dans le coup même qui venoit de la frapper, il lui fit reconnoître et adorer la main d'un Dieu qui soumet aux épreuves des tribulations ceux qu'il affectionne. Après avoir rassuré l'ame de la princesse, il songea à son existence et à son salut. La grotte du vieillard étoit peu éloignée; il en revint bientôt avec quelques mets champêtres, que ne dédaigna pas Emelgaïde un peu consolée. A la suite d'un repas frugal, elle se retira sous une petite tente de feuillage, que lui avoient préparée sa suivante et l'hermite : là, tandis que celui-ci prosterné devant le ciel, lui adressoit les simples vœux de l'anachorète, en faveur de l'innocence opprimée; la princesse dormit d'un sommeil doux et profond.

C'est ici, qu'aux yeux malignement scrutateurs de l'incrédulité, l'histoire semble prendre le caractère, et employer les ressorts du roman. Un cœur ingénu trouvera moins de merveilleux dans un incident commun; ou du moins, si c'est une merveille, il il n'y verra rien que de très-possible et de vraisemblable. Le repos de la noble veuve fut carressé par un songe extraordinaire. Une femme d'une taille et d'une beauté plus qu'humaines lui apparut; la splendeur qui rayonnoit autour d'elle remplit de clarté la couche verdoyante d'Emelgaïde. Cette princesse crut reconnoître la Vierge, à laquelle, de tous temps, elle avoit une singulière dévotion. L'aspect de cette auguste mère des affligés mit dans son cœur un calme inexprimable. Mais quel fut son étonnement, lorsqu'à la place du divin fils que Marie porte souvent dans ses bras, l'épouse de Salvaër vit un enfant nouvellement né, que la bonne tutrice des orphelins lui présentoit enveloppé d'un blanc linceuil? C'est votre fils, lui dit une voix; il croîtra en sagesse et en beauté; il vengera son père! La vision s'évanouit; Emelgaïde s'éveilla dans les douleurs de l'enfantement.

Cependant, l'hermite inquiet sur le sort de ces femmes, avoit profité de leur repos pour s'enfoncer dans l'épaisseur de la forêt, afin de leur ménager une retraite. La princesse secourue par sa seule confidente, mit au monde un fils dont la présence lui fit oublier tous ses maux. Il y avoit déjà quelques heures qu'elle se livroit aux premières effusions de la maternité, quand des bruits de chevaux parcourant la forêt, et des clameurs qui en éveilloit les échos, lui causèrent de vives alarmes. Aidée par sa compagne, elle se hâta de déposer son nouveau né, à peine couvert de quelques langes, dans un fossé de gazon ombragé par un buisson en fleurs. Les voix se rapprochèrent, le bruit devint plus fort, des cavaliers parurent: c'étoient des émissaires de Phinar, qui battoient les taillis pour y trouver Emelgaïde; et qui malgré les cris, les prières et les pleurs de cette princesse, la placèrent, ainsi que son amie, sur leurs chevaux, et coururent livrer au tyran les proies qu'il convoitoit.

De retour dans le vallon, le solitaire, moins surpris qu'affligé de leur disparution, l'attribua à sa véritable cause. La vindicative férocité du roi de Cambrai étoit connue; le vieillard trembla pour la princesse, et après avoir invoqué en sa faveur celui contre lequel s'émousse l'épée du méchant, il rentra dans sa grotte.

Le lendemain, étant venu, selon sa coutume, puiser de l'eau à la fontaine, un vagissement plaintif attira son attention vers le fossé ombragé. Quelques chroniques assurent, que sous le dôme d'églantine qui le couvroit, il vit l'enfant d'Emelgaïde, qui, se roulant sur le gazon, essayoit de presser dans ses petites mains les mamelles d'une biche qui avoit perdu son faon, et dont ce creux de verdure étoit la tannière. Doux tableau, où sur un si petit point de l'univers, éclate la merveilleuse bonté de la providence; berceau charmant, nourrice bocagère qui conviennent bien aux mœurs simples d'un peuple qui fut long-temps si près de la nature, et qui s'en rapproche encore aujourd'hui par la candeur de ses goûts et la naïveté de ses habitudes.

Un buisson de rose avoit été le berceau de cet enfant de la miséricorde ; une biche lui avoit donné son lait ; baptisé aux sources pures de la fontaine, il eût pour précepteur un vieil hermite pieux, mais ignorant, qui lui imposa son nom de Lydéric. Son éducation fut toute religieuse et toute pastorale. Nous verrons que sa postérité n'a pas dégénéré.

Lorsqu'il eût atteint cet âge, où la force peut seconder la valeur, l'anachorète lui révéla ses destins. Lydéric les apprit avec autant d'étonnement que d'horreur. La malheureuse Emelgaïde vivoit encore. Retenue dans une tour du château de Cambrai, elle avoit inspiré au traître Phinar une passion furieuse ; mais c'étoit par des imprécations ou des mépris, que la princesse répondoit au bourreau de son fils et de son époux.

Instruit par l'hermite, excité par son cœur et soutenu par sa jeunesse ;

Lydéric jura de venger à la fois la mort de Salvaër et de délivrer sa veuve. Sous un déguisement grossier, il quitta la Flandre, aborda bientôt en Angleterre, où, à la recommandation d'un religieux, auquel son instituteur l'avoit adressé, il parvint à plaire à un grand personnage. Ce dernier se fit gloire de produire à la cour un jeune homme du mérite et de la figure de Lydéric.

S'il n'étoit pas indigne de la gravité de l'histoire de parler des foiblesses des héros, nous représenterions le nôtre captivant le cœur d'une princesse Gratianne, fille du roi, auquel elle le présente avec la franchise de ces temps. Le jeune Lydéric explique au monarque sa naissance, ses malheurs, ses projets. Ce prince, charmé de trouver tant de sens et de courage dans une si vive jeunesse, se plaît à la former. Le fils de Salvaër, fait son apprentissage d'armes sous un roi guerrier; et Gratianne elle même, immolant son amour à l'honneur, l'excite à réclamer de Clotaire, son souverain, la permission de se mesurer avec l'oppresseur de sa maison.

Lydéric s'arrache des bras d'une maîtresse adorée; il quitte, dans le roi d'Angleterre, celui qui aimoit à le nommer son fils. Il arrive à Soissons, où malgré la réunion des royaumes d'Austrasie et de Bourgogne, Clotaire tenoit souvent sa cour; il se fait connoître à ce monarque, qui profite de cette circonstance avec sa politique accoutumée, et se réjouit de punir l'usurpateur Phinar par les mains du fils de ses victimes.

En conséquence, Phinar reçoit de son maître l'ordre de se tenir prêt pour le combat singulier qu'il a accordé à Lydéric contre le meurtrier de son père : le monarque français ajoute qu'il y assistera. Le jour et le lieu sont indiqués; ce dernier, sur l'emplacement duquel on varie aujourd'hui, paroît être le jardin des Dominicains. C'étoit alors une forteresse escarpée bâtie dans une île qu'entourroit la Deûle; on en attribuoit la fondation à César, et il portoit le nom de *Château du Buc.*

Clotaire y arrive entourré de ses hommes d'armes. Il cite à son tribunal Phinar, que Lydéric accuse du double crime de l'assassinat de Salvaër et de la détention d'Emelgaïde. Le tyran nie avec embarras; puis reprenant bientôt son impudence habituelle, il demande à terminer par le sort des armes, une discussion qui enflammoit, au-delà de toute modération, les esprits des deux adversaires, et dans laquelle ne pouvoit intervenir un équitable jugement. Le combat, déjà prévu, est donc définitivement arrêté.

Sur un pont étroit qui joignoit l'île du château au rivage de la Deûle, les deux champions s'avancent sur leurs coursiers. Clotaire, environné de son escorte, s'étoit assis dans un enfoncement pour être juge des coups. Une foule de peuple et de soldats garnissoit les parapets de la forteresse et les bords de la rivière. Le signal se donne : les guerriers, la visière baissée, la lance en arrêt, partent et se précipitent l'un sur l'autre. Le choc, qui les heurte, est tel, que leurs lances se rompent en éclats; Lydéric, dit-on, fut presque désarçonné, emporté qu'il étoit par trop d'ardeur. Mais, encouragé par les applaudissemens de la multitude, que sa bonne mine, et plus encore la justice de sa cause interressoient vivement, il se remit bientôt, et fondit sur son adversaire, le cimeterre au poing. Du premier coup, les lacets du casque de Phinar ayant été coupés, cet usurpateur sauta de son cheval, peut-être pour le ramasser; le fils de Salvaër en fit autant, et tous deux commencent à pied un nouveau combat.

Celui-ci ayant été ordonné *à toute outrance* et sans armes *courtoises*, il falloit que l'un des deux pérît; il étoit même possible que tous deux y laissassent la vie. L'action, quoique meurtrière, se prolongea par l'agilité de Lydéric et l'opiniâtre fermeté de Phinar. Déjà âgé, vigoureux, robuste te et sur-tout très-aguerri, il se contentoit de parer les coups que faisoit pleuvoir sur sa cuirasse l'impétueuse vélocité de son ennemi; se ménageant, après l'avoir lassé, de lui porter une de ces attaques décisives qui terminent par le meurtre une discussion toute arrosée de sang. Déjà celui de Lydéric teignoit son armure, et ce jeune héros commençoit à s'épuiser, lorsqu'un choc imprévu de Phinar, rappella son courage, en rallumant toute sa fureur. Il tomba sur l'assassin avec un redoublement de vivacité, et, la providence devenant l'auxiliaire de la piété du fils, elle accorda un plein triomphe au guerrier qui fit tomber à ses pieds son adversaire expirant. Les spectateurs témoignèrent par des cris d'alégresse, la double satisfaction qu'ils éprouvoient de la mort de leur tyran, et de la victoire de Lydéric. Le roi de France, charmé de la bravoure de ce dernier, lui confia l'administration de la Flandre, en le nommant Grand-Forestier d'un pays coupé par des eaux et couvert de forêts. A cette distinction honorifique, Clotaire ajouta une faveur plus insigne, en choisissant Lydéric pour son gendre. La vertueuse Emelgaïde, délivrée par le dévouement d'un fils, partagea, jusqu'à sa mort, avec lui, les droits pénibles du gouvernement; et le vieil hermite, rajeuni par les succès de son pupille, vit changer en monastère richement doté, son humble cellule.

Pour consacrer le lieu de sa victoire, Lydéric étendant à ceux qui suivroient sa fortune les priviléges du château du Buc, attira autour de cette forteresse une multitude de paysans et de mariniers. Les uns trouvoient dans la fécondité des terres une source d'existence et de prospérité; les autres, dans la multiplicité des rivières, des moyens de commerce, d'échange et de communication. Dès-lors commencèrent à se former les liens qui unirent depuis les peuples de la Lys à ceux de la Deûle, et par suite les uns et les autres aux nations fluviatiles de la Meuse, de la Sambre, de l'Escaut, du Rhin et des fertiles marais de la Batavie.

C'est vers cette époque aussi, c'est-à-dire, à la fin du sixième siècle, que plusieurs annalistes placent la fondation de la ville de Lille. Elle prit sa dénomination de l'attitude du château, qui, placé sur un escarpement d'une île embrassée par les replis de la Deûle, la protégeoit contre les irruptions des Vandales et des Huns. Voici maintenant une version moins reculée et beaucoup moins merveilleuse de son origine.

Un manuscrit de la bibliothéque, qui, avant la révolution française, appartenoit au chapitre de St. Pierre, en fixe la date à 1007. Le recueil des priviléges de cette ville la porte à 1030. C'est aussi l'opinion d'Oudeghers, de Mayer et des écrivains qui ont parlé des principales villes de Flandre. Tous d'ailleurs, attribuent la fondation de celle-ci à Baudouin IV, du nom, et sixième souverain d'une province, qui depuis Lydéric avoit été administrée, soit par des forestiers à la nomination du roi, soit par des comtes qui relevoient immédiatement de la couronne.

Pour accorder cette seconde date avec la première fondation, s'il nous est permis d'émettre notre sentiment, nous dirons que sans refuser à Lydéric l'honneur du plan primitif, nous faisons à Baudouin celui de la restauration et de l'agrandissement. Lille, comme toutes les villes qui se forment, pour ainsi dire d'elles-mêmes, n'étoit qu'un amas de maisons, assez éloignées les unes des autres, et défendues, comme nous l'avons vu, par un château fort que ceignoit les diverses branches de la Deûle. Au septentrion, elle étoit bornée par un bâtiment élevé à l'endroit où fut depuis l'église de St. Pierre; et au midi par celle de St. Etienne. Il paroît que ses habitans montroient dèslors les germes de cette industrieuse activité qui devoit, par la suite, produire des fruits précieux; car ils tentèrent la rapacité de l'empereur Henri III, qui, après avoir exercé dans Tournay les horreurs du pillage, les étendit jusques à Lille. Ce fut pour prévenir ces désastres, ou pour y parer, que Baudouin la fit enclorre d'une muraille forte, dont quelques fouilles opérées il y a quinze ans, ont encore montré les débris. Son fils, Baudouin V, dit *de Lille*, continua cette entreprise utile, à laquelle il ajouta le retranchement ouvert depuis Lens jusqu'à la mer, et qu'on nomme aujourd'hui le *Fosséneuf*. Avant les divisions départementales, cette fortification convenable en ces temps, où la guerre ne se manifestoit que par des irruptions, séparoit la Flandre de l'Artois. Ce fut également au prince qui l'ordonna, que Lille dût quatre de ses portes, plusieurs embellissemens, parmi lesquels il faut citer le palais qui, sous le nom postérieur de *Salle de Lille*, occupoit l'espace compris entre le ci-devant cimetière de St. Pierre et l'hôpital Comtesse. C'est dans cette salle que se tenoient les plaids des châtelains et des pairs qui formoient son conseil, et qui, selon Vanderhaer, prenoient du local où ils siégeoient le nom de *Pers dou Castiel*. Ce fut dans le château même, d'où dépendoit cet établissement, que le comte de Flandre logea son pupille Philippe I, roi de France, et avec lui les grands officiers de la couronne. Si l'on en croit Roisin, en 1515, cet édifice et ses dépendances furent vendus par l'empereur Charles-Quint aux échevins qui les firent démolir, et effacèrent ainsi jusqu'aux dernières traces de la demeure de leurs anciens forestiers.

Après avoir rapporté les deux principales versions de l'origine de Lille, et mis les lecteurs à même de se décider entre une tradition plus populaire que prouvée, et une chronique moins interressante et plus vraisemblable, jetons un coup d'œil aussi impartial sur l'existence de cette ville, depuis sa fondation, jusqu'à sa réunion définitive à la France.

CHAPITRE II.

HISTOIRE LOCALE DE LILLE.

Aujourd'hui que la révolution française, en renversant jusque sur ses bases l'ordre établi ou consolidé depuis quatorze siècles, a donné au gouvernement une forme nouvelle, et au corps social une autre figure, il seroit superflu d'exposer avec détails la situation des établissemens supprimés. Nous n'écrivons point les fastes historiques de Lille, mais la description succincte de ses monumens et l'analyse de son esprit. Le dernier des auteurs qui nous a précédé dans cette carrière pourroit être consulté avec plaisir et profit, si les principes dont il fait profession ne contribuoient pas un peu à rendre sa narration suspecte. Il seroit à souhaiter, pour l'honneur de Lille, qu'une plume véridique, et sur-tout religieuse, opposât aux sophismes, ou aux suppositions de Mr. de M., la discussion qui éclaircit les raisonnemens et l'érudition qui rétablit les faits. Pour nous, dont le but est plutôt de crayonner le plan actuel de cette ville, que de peindre ses mœurs passées, nous ne pouvons que glisser légérement sur celles-ci, en nous hâtant d'arriver à celui-là.

§ I. Clergé.

1°. *Collégiale de St. Pierre.*

Ce fut Baudouin V qui la fonda, en 1047, et qui en fit la dédicace en 1066. Son royal pupille, Philippe I, assista à cette cérémonie, et scella de son anneau les lettres de dotation. Elles étoient établies pour quarante prébendes, dont dix pour des chanoines prêtres, dix pour des diacres, autant pour des sous-diacres, et le dernier quart pour dix acolytes. Un prévôt étoit leur chef honorifique et titulaire; sa jurisdiction ecclésiastique et civile étoit étendue, et depuis quelques années il nommoit à tous les canonicats, dont la collation appartenoit jadis au pape. Sa dignité, qui étoit à la disposition du roi, produisoit un revenu de six mille francs par an, argent de France. Chaque canonicat en valoit à peu près quatre mille.

Le doyen, le chantre, le trésorier et l'écolâtre étoient les autres dignitaires du chapitre. Cinquante chapelains et vicaires, un grand nombre de musiciens gagés et dix enfans composoient son bas-chœur. Les chanoines étoient les premiers pasteurs, ou *curés primitifs* de la ville, décimateurs de plusieurs campagnes considérables, et collateurs des cures de St. Sauveur et de St. Maurice. Ils disposoient de vingt-cinq à trente bourses, ordinairement applicables à des sujets d'élite, dont les moyens pécuniaires répondoient peu aux facultés intellectuelles.

Comme monument d'architecture,

l'église de St. Pierre n'avoit dans son ensemble rien de très-remarquable. Quelques objets de détail excitoient seuls l'intérêt ou la curiosité. Tel, entr'autres, étoit le chœur des chanoines, fort beau par lui-même, et sur les stalles duquel on voyoit les blasons des seigneurs qui composèrent le septième chapitre de la Toison d'or, tenu à Lille par Philippe-le-Bon, en 1435. Ce prince, déjà maître de presque toutes les provinces des Pays-Bas, venoit de signer à Arras la paix dont il avoit dicté les conditions, et auquel Charles VII fut trop heureux de se soumettre.

Au milieu de ce même chœur, se voyoit le tombeau de Baudouin V, dit *de Lille*, duquel nous avons déjà parlé dans le chapitre précédent. Ajoutons à ce que nous en avons dit, que ce prince réunit beaucoup de bravoure à beaucoup de piété; qu'il ne se contenta pas de manifester dans la Flandre seule ces deux qualités recommandables, mais qu'il les fit éclater dans tout le royaume, pendant sa régence, sous la minorité de Philippe I, dont sous le titre de *marquis* de France, il dirigea dans la science du gouvernement, l'inexpérience et les jeunes années. Il mourut en 1067, c'est-à-dire, un an après la dédicace de la collégiale, laissant dans Lille, d'où sa bienfaisance paternelle avoit banni le malheur, une mémoire pieusement révérée, et dans le reste de la France, la juste réputation d'un politique chrétien, qui n'usa de son pouvoir, ou de son influence, que pour l'affermissement de la religion et de l'état.

Dans une chapelle, dédiée à Notre-Dame de la Treille, on admiroit le magnifique tombeau en airain doré, de Louis de Mâle, dernier comte de Flandre de la sixième race. Ce prince y étoit représenté, de grandeur naturelle, entre sa femme Marguerite de Brabant, morte en 1368, et Marguerite de Flandre, leur fille, qui avoit épousé en secondes noces Philippe de France. Le monument, qui offroit un quarré long, étoit décoré sur ses quatre faces, de vingt-quatre figures de cuivre, de dix-huit pouces de hauteur, reproduisant, entourés de divers emblèmes, les princes et princesses des maisons des époux. Louis de Mâle mourut à St. Omer des suites d'une blessure que lui avoit faite le duc de Berry. Cet événement arriva en 1383.

Les artistes, les connoisseurs et les architectes remarquoient dans l'église de St. Pierre : 1°. trois beaux tableaux ; le premier, qui étoit celui du maître-autel, est l'ouvrage de la Fosse, et représente Jesus-Christ donnant au prince des apôtres les clefs de son église ; le second, placé dans une des chapelles du chœur, a été peint par Arnould de Wuez, et offre une Ste. Cécile ; le troisième, sorti du pinceau de Jean Van-Oost, décoroit la chapelle paroissiale ; il représente la Ste. famille. Nous retrouverons, par la suite, ces morceaux, avec plusieurs autres du même genre, dans la galerie du musé de Lille. 2°. Deux piliers de pierre de grès, soutenant la voûte de cette même chapelle paroissialle, hauts de plus de dix-neuf pieds et d'une seule pièce. 3°. Deux bustes représentant St. Pierre et St. Paul, par Tuillius, d'Anvers, sculpteur célèbre. 4°. La grille, richement travaillée, de la chapelle de Notre-Dame, aussi bien que la belle voûte soutenue à faux.

Ce n'est point ici le lieu de considérer l'influence morale et politique des établissemens connus sous le nom de collégiales et de cathédrales. Ce ne l'est pas davantage de répondre aux déclamations que, vers la fin du dernier siècle, on prodigua contre le scandale de leur fortune. La révolution a comblé, à cet égard, les vœux de la philosophie; les chapitres ont été supprimés, leurs biens réunis aux domaines, et la plupart de leurs membres sont morts dans la persécution ou par ses suites. Nous ne nous permettrons aucune réflexion sur la sévérité de cette providence :

nous sommes intimement convaincus que ses coups, quelques durs qu'ils aient pu paroître, étoient, d'une part, motivés par l'extrême corruption de tout le corps social; et de l'autre, qu'ils étoient nécessaires pour donner au monde le spectacle d'un peuple abandonné à lui-même, et aux ministres des autels des leçons de sagesse et de modération. Puisse les uns et les autres éclairer leur conduite à venir des lumières de cette terrible épreuve! Ils commencent tous à en sortir insensiblement, grâces à la prudence pieuse d'un gouvernement, qui, en appuyant son autorité sur la colonne de la foi, a fait cesser l'effrayant équilibre qui balançoit, et qui a fini par renverser ses prédécesseurs. En replaçant, selon leur hiérarchie canonique, les divers degrés du sacerdoce, il a entouré les prélatures épiscopales de conseils cathédraux, et a ainsi rappellé l'institution des chanoines à leurs fonctions primitives. Si, comme ceux de St. Pierre de Lille, les nouveaux ne peuvent, par des largesses, verser d'abondantes aumônes dans le sein des pauvres, ou encourager l'industrie; du moins, ils suppléeront à ces bienfaits, par des vertus à la fois chrétiennes et sociales. Les temples se ressentent encore de la spoliation des vandales; les autels ont perdu de leur pompe; mais les autels brillent, plus que jamais, de l'éclat que réfléchissent sur eux tant de vénérables confesseurs, échappés, comme par miracle, à la fureur du glaive, ou à l'insalubrité des cachots; et les temples sont, pour ainsi dire, parfumés des hautes vertus dont, pendant dix années, ils ont donné l'admirable exemple.

2°. Paroisses.

Nous en parlerons avec détail au chapitre de la situation présente de Lille. Celui-ci est en quelque sorte consacré aux souvenirs.

La seule paroisse de St. Pierre a été supprimée par suite de la démolition de la collégiale dans laquelle elle étoit enclavée. Elle étoit la plus petite des sept de la ville, et ne comprenoit pas plus de cinq cens maisons.

Avant 1789, les églises paroisiales étoient desservies par deux sortes de personnes. Les premières, qu'on appelloit *horistes*, étoient des chantres gagés, dont le principal revenu se prélevoit sur les funérailles. Les secondes étoient des chapelains, bénéficiers en titre, qui ajoutoient à celui-là, la qualification d'*habitués*. Quant à l'administration civile et financière, toutes les paroisses, St. Pierre excepté, étoient gouvernées par des séculiers nommés *marguilliers*, approuvés par le magistrat, et dont le service duroit cinq ans. C'étoient eux qui désignoient les horistes, quêtoient les dimanches, et régissoient le temporel.

A cette époque, il se faisoit, année commune, dans les sept paroisses, environ deux mille quatre cens à quatre cent cinquante baptêmes,

et

et cinq à six cens mariages. La population étoit alors beaucoup plus considérable qu'aujourd'hui. On comptoit dix mille chefs de famille, et plus de quatre-vingt mille habitans. Nous verrons dans le tableau statistique de cette ville, qu'ils ne se montent pas maintenant à cinquante-six mille.

3°. MONASTÈRES.

On comptoit dans Lille huit maisons religieuses d'hommes, et dix-sept de filles, dont douze grillées. Disons un mot des premières.

Dominicains.

Autrement appellés *jacobins*, du nom de leur maison de St. Jacques, à Paris. Deux de ces religieux ayant, par l'excellence de leur prédication, attiré une foule d'auditeurs pieux, on jugea convenable de les fixer à Lille, en leur facilitant un établissement dans cette ville. En conséquence, le chapitre de St. Pierre leur ayant assuré un fond annuel de six livres, ils bâtirent leur couvent dans le lieu où est maintenant la rue des trois Anguilles. Cet édifice commencé vers l'an 1224, fut brûlé, lorsque trois ans après, Philippe, roi de France, assiégea la ville. Vers la fin du seizième siècle, leur monastère, qui se trouvoit situé hors des murailles, devint le point d'attaque des hérétiques; les pères de St. Dominique obtinrent alors du roi d'Espagne, Philippe II, l'hôpital de Grimarêt, sous la condition d'y recevoir les pélerins, ce dont ils se sont toujours religieusement acquitté, jusqu'à leur dissolution.

Leur église, soutenue sur des colonnes d'un goût assez pur, étoit décorée de galleries régnantes sur l'entablement, avec corniches et balustres. Elle se faisoit en outre remarquer au dehors par un portique, où trois ordres, l'ionique, le corinthien et le composite, présentoient, dans leurs colonnades à moitié engagées, la réunion de l'élégance, de la richesse et de la majesté.

Plusieurs tableaux, dont nous parlerons ailleurs, ornoient l'intérieur. Dans une chapelle, se voyoit le mausolée que madame de Lorraine fit élever au duc de Melun, son fils, tué par un cerf dans le parc de Fontainebleau. Ce monument très-estimé, coûta la vie à son auteur, François Dumont, qui fut écrasé sous un rideau de plomb qu'il venoit de poser. La chapelle étoit consacrée à la sépulture des princes de la maison de Melun.

Récollets.

Le philosophisme fièrement impie, a vainement prodigué les sarcasmes, les plaisanteries et le ridicule aux respectables fils de St. François. On s'est égayé sur leur habillement grossier, sans se ressouvenir que c'étoit celui du treizième siècle, époque de leur origine. On a ri de leur barbe, de leur ceinture de corde, de leurs sandales et de leur capuchon. Ces épigrammes, sans qu'on s'en doutât, ou peut-être bien, parce qu'on s'en doutoit, ont aiguisé sur de dignes religieux la hache des proscriptions. Maintenant que le rire sardonique des sages n'ose plus reparoître, après les hurlemens des bourreaux, il faut rétablir la vérité sur une classe de héros chrétiens, livrés tour à tour aux mépris et aux persécutions.

J'ai prononcé le titre de héros chrétiens, et je le répète. Oui, de tous les rangs qui composent une société, il est de fait que les ecclésiastiques ont produit le plus de grands hommes; (car je croirois faire injure au lecteur, si je lui disois que j'entends par là, non d'illustres brigands, ou d'oisifs lettrés, mais des personnages ardemment, constamment, efficacement utiles à la religion, aux mœurs, à l'état) et parmi les ecclésiastiques, il n'en étoit ni de plus humbles, ni de plus entièrement dévoués que les religieux franciscains. S'agissoit-il de missions lointaines et périlleuses, telles que celles de l'intérieur de l'Afrique, des déserts du Canada, ou même de quelques terres australes; de missions, où, pour prix d'un travail infatigable, il n'y avoit à recueillir souvent que des supplices affreux? Qui choisissoit-on? Des philosophes? Qui demandoit, comme une grâce, le bonheur d'aller, de son sang, arroser la vigne du Seigneur, qui? Des encyclopédistes, des jansénistes, des économistes? Non, c'étoient des capucins!

Étoit-il question de voler au secours d'un infortuné qui se débattoit avec la mort, dans des flots courroucés? Falloit-il s'élancer dans le gouffre des incendies, et parmi des tourbillons de flammes, des poutres embrasés et des planchers qui s'abymoient, braver tous les périls pour sauver, non seulement des hommes, mais de ces bagatelles auxquelles les gens du monde attachent tant de prix? Sénat de philantropes, si sensibles dans vos écrits; académies de penseurs et d'écrivains, où étoient vos Décius ? Vous vous taisez! Les uns timides et poltrons s'enfoncent dans leur jardin, où ils vont rêver à des projets d'*humanité*; les autres rogues et dédaigneux sourient de pitié, reprennent bientôt leur gravité, s'arment de leur plume législatrice et tracent des codes de civilisation pour les sauvages de la Californie : cependant, un palais tombe en cendres, un malheureux se noie... Bonnes ames, rassurez-vous; il existe des capucins!

Mais c'est sur-tout lorsqu'il falloit ouvrir les sources de la miséricorde divine à ces criminels, devenus sacrés depuis leur condamnation; à ces prodiges de rapine et de meurtre pour qui s'écouloient aussi les épouvantables trésors des vindictes humaines. C'est alors que se montroient, dans la magnanimité de leur sacerdoce, ces anges vraiment *séraphiques*, qui, sous un humble froc, recéloient toutes les vertus. Voyez sur cet échafaud, près du scélérat que la justice des hommes a dévoué à la mort ; voyez ce religieux en larmes, qui d'une main, élève la divine effigie d'un Dieu innocent, qui périt comme un coupable! Quel tableau, et quelles consolations! Le patient étendu sur la roue des tortures, ne compte plus que par des angoisses les dernières minutes de son existence ; un inflexible bourreau le frappe avec sang froid!... Cependant un prêtre le console; il pleure, il laisse couler sur ses cruelles meurtrissures, des larmes adoucissantes ; il insinue dans cette ame atroce, les émotions du repentir et les charmes de l'espoir; il présente la palme du martyre à cette tête flétrie par l'orage de l'expiation. O miracle d'une religion toute d'amour! Le héros de charité embrasse tendrement le héros du crime. Sa bouche recueille sur des lèvres pâles et sanglantes, les derniers souffles de la douleur; le glaive de la loi frappe encore, que déjà la Thémis immortelle a caché le sien. Le ciel s'ouvre au pêcheur pénitent qui, pour prix des soins de son Mentor céleste, a mouillé de sueur et de sang la bure illustrée par François. Nous avouons que nous ne connoissons pas sur la terre une fonction également plus pénible et plus glorieuse que celle de ce moine héroïque : que la philosophie alors avec son jargon emphatique, ses projets régénérateurs, ses faciles conseils et ses gentillesses impies, paroît méprisable et petite !

C'étoit pour ce ministère auguste, que la comtesse Marguerite avoit appellé les frères mineurs : ils ne jouissoient d'autre privilège, que d'obtenir du poisson, lorsque les marchés en étoient copieusement fournis; car ces religieux étoient assujettis à un maigre perpétuel.

Leur église étoit très-remarquable par l'audace de sa voûte à plein ceintre, uniquement abaissée sur les murailles collatérales, sans aucun support, ni pilier. Cette superbe nef avoit été depuis peu, destinée à la bibliothèque de l'école centrale ;

mais

mais la suppression de celle-ci, donnera probablement à l'édifice, une nouvelle consécration. Sans beaucoup de dérangemens, elle peut offrir à l'exposition des tableaux, un emplacement très-favorable.

Parmi plusieurs tableaux, justement estimés, qui décoroient l'église des récollets, on citoit celui du maître-autel. Chef-d'œuvre de Van-Dyck, il représentoit Jesus-Christ sur la croix, avec la Ste. Vierge, St. Jean, et les saintes femmes à ses pieds. Il est parfaitement composé, suave de couleur et riche d'expression.

Capucins.

Ces pères datoient de 1595. Ils étoient très-utiles à la desserte de plusieurs paroisses des environs, et avoient mérité par des travaux pénibles et multipliés, l'estime des magistrats et la reconnoissance de toute la ville.

De trois tableaux de Rubens exposés dans leur église, celui du maître-autel, représentant une descente de croix, est le plus capital. On a observé que le talent de l'artiste avoit rajeuni un sujet si souvent traité par lui-même. Chose très-remarquable encore dans les ouvrages du peintre flamand, à beaucoup d'expression dans les têtes, il a réuni un excellent ton de couleur (qualité qui, comme l'on sait, domine dans ses compositions) et, ce qui est plus rare, un dessin correct, pur, on ose même dire facile et mœlleux.

Carmes de la réforme de Sainte Thérèse, (ou déchaussés.)

Un tableau très-remarquable sous le rapport moral, encore plus que sous celui de l'art, se voyoit dans l'église de ces religieux : c'étoit un ouvrage de Van-Oost, le fils, représentant St. Jean de la Croix qui panse la jambe d'un frère. On ne fera aucune réflexion sur ce morceau, qui, susceptible peut être de censure comme exécution pittoresque, excitoit un vif attendrissement par la naïveté de son ordonnance, la vérité des atitudes et la piété des sentimens. On invite les artistes à honorer leur talent, en choisissant, en traitant des sujets d'un intérêt aussi vrai et d'un pathétique aussi universel.

Carmes chaussés.

Contraints de céder leur couvent de Longwi aux fortifications du maréchal de Vauban, ils s'étoient réfugiés à Lille. Leur église se signaloit par sa grandeur; leur réfectoire par son beau pavé de marbre et par une très-grande composition d'Arnould Dewuez, qui, à la manière du Poussin, avoit représenté Notre-Seigneur chez le pharisien. La savante architecture du fond de ce tableau n'étoit pas de ce maître.

Minimes.

On montroit chez eux deux objets précieux et estimés. Le premier étoit une allégorie qui offroit l'Ange-Gardien détournant des vices un jeune homme confié à ses soins; les vices étoient désignés par un lion et un serpent. On aimoit, en second lieu, à se promener sous le cloître, dont les vitraux spirituellement composés par Diepenbeke, étoient exécutés avec beaucoup de précision, et imitoient des lavis au bistre.

Augustins.

Nommer un ordre, une maison de religieux, ou un simple moine, c'est rappeller un bienfait. Quelques années avant la révolution, les hermites de St. Augustin payoient par l'instruction qu'ils distribuoient à la jeunesse, le pain dont la charité publique remplissoit leur besace.

Compagnie de Jesus.

Mais lorsqu'il est question d'enseignement, voici des personnages avec lesquels peu de professeurs passés et moins d'instituteurs de ce temps peuvent soutenir le parallèle. Il faudroit un volume pour exposer l'enchaînement admirable de la doctrine adoptée par les jésuites dans le ministère de l'instruction. Il en faudroit un autre pour démontrer l'excellence de leur pratique ; et certes, un troisième ne suffiroit pas pour établir par des faits et appuyer par des exemples les incontestables succès de l'enseignement graduel. Un ouvrage de la forme de celui-ci ne peut comporter de semblables détails. Il suffira d'observer qu'il y a plus de deux ans que, dans un ouvrage d'économie politique (1),

---

(1) « Avec eux (*les jésuites*) périt cet « excellent système d'instruction graduel-
« le, proportionnée à tous les âges et
« mesurée à toutes les intelligences : après
« eux nâquirent ces éducations sceptiques,
« qui allaitèrent de paradoxes et disposè-
« rent aux innovations leurs élèves infor-
« tunés..... Les Jésuites, dit-on, ne sont
« pas sans reproches. On peut leur en
« faire de leur ambition active qui, mê-

avançant la même opinion et essayant le même système, nous fûmes des

---

« prisant la modeste obscurité de leur di-
« vin maître, cherchait des alimens au-
« tour de tous les trônes. Mais de grands
« caractères, un génie étendu, des moyens
« multipliés appuyoient du moins, s'ils ne
« justifioient leurs prétentions. L'institut
« de leur ordre, leur méthode d'enseigner,
« et leur gouvernement du Paraguay, sont
« trois chefs-d'œuvres de morale politique
« et religieuse, auxquels leurs adversaires
« ne peuvent opposer que l'établissement
« des clubs jacobins, celui des écoles
« centrales et la constitution de 1793.
(*Contemplateur*, tom. premier, pag. 49.
— 1801.)

Ce n'est point par un sentiment d'amour-propre que je me cite; je crois fermement qu'il y a des écrivains qui ont pensé plus profondément et mieux écrit sur la matière qui m'occupe. Mais j'ai cru pouvoir présenter en quelques pages, et dans un livre qui, sous les rapports d'utilité, pourra n'être pas rejeté par les bons esprits; j'ai, dis-je, voulu leur présenter l'abrégé de mes idées à cet égard. Ils n'iroient peut-être pas les chercher dans un cahier périodique oublié, et moins encore dans un ouvrage, dont le titre au moins peut leur paroître frivole. Voici ce qu'on y lit touchant la compagnie de Jésus :

premiers à nous élever contre celui de l'éducation simultanée, ou des

---

« Qu'elle se lève, cette postérité recon-
« noissante, pour faire hommage au génie
« chrétien uni à la politique profonde et
« à la philosophie conservatrice, de ces
« établissemens immortels, quoique dé-
« truits, que les disciples de Loyola avoient
« fondés au Paraguay. Aristote, Platon,
« Thomas Morus s'étoient plu à tracer le
« plan d'une république fortunée : il n'ap-
« partenoit qu'au christianisme de le réali-
« ser. Les jésuites, non moins courageux
« qu'éclairés, rassemblent sous l'étendard
« de leur divin maître, les peuplades épar-
« ses du désert. Le nouveau monde, ins-
« truit par les excès des Espagnols à dé-
« tester les maximes de l'Europe, s'étonne
« de trouver sur les lèvres de quelques-uns
« de ses habitans, la modération et la paix.
« C'est que l'ambition, le fanatisme et la
« cupidité ont seuls dans l'Amérique étalé
« leurs ravages ; c'est que le brigandage
« européen l'a convaincue que tel est le
« code social, telle est la religion, telles
« sont les mœurs de ses vainqueurs ; c'est
« qu'elle ignore qu'il ait paru un sage pour
« condamner les mœurs barbares, un lé-
« gislateur pour anéantir les lois vicieuses,
« un Dieu pour donner, dans un culte
« d'amour, la religion de la charité. Voilà

écoles centrales. Le combattre aujourd'hui, ce seroit disputer contre

« ce qu'enseignent les nouveaux Chrysos-
« tômes. A la douce voix de leur éloquen-
« ce, les solitudes du désert ont tressailli :
« du creux de leurs cavernes, des fraîches
« retraites de leurs forêts, les hordes sau-
« vages ont accouru. La rivière de la Plata
« devient un autre Jourdain, qui coule la
« régénération avec ses ondes. Mais l'évan-
« gile qui appelle les ames est entre les
« mains des missionnaires un véritable con-
« trat politique. C'est par son influence,
« c'est sous la main de l'Eternel que s'or-
« ganise une démocratie chrétienne, sé-
« jour des vertus, du repos et du bonheur.
« Son gouvernement, qui offre l'heureux
« mélange de la théocratie et de la liberté,
« anime ses chefs de l'amour paternel, ses
« sujets de la piété filiale. Ses détracteurs
« l'ont comparé à une agrégation de moi-
« nes, dont la régularité minutieuse et
« l'exactitude symétrique font tout l'es-
« prit : c'est une erreur ou une calomnie.
« Loin que le génie des congrégations du
« Paraguay fût rétréci, la chaleur du pro-
« seylitisme en avoit tellement étendu la
« sphère ; la science de l'administration
« lui avoit imprimé un mouvement à la
« fois si majestueux et si réglé, que s'il
« eût subsisté, il seroit devenu le modèle

des chimères, puisque la sagesse du gouvernement, qui s'étend à tout, s'est étayée d'une longue expérience, pour se rapprocher, autant que le lui permettoient les circonstances, de l'enseignement des jésuites. Honneur et reconnoissance au successeur de Colbert, qui a proportionné l'aliment de l'instruction à la capacité des tempérammens. Si les élèves apprennent peu, ils sauront bien. On ne dispersera plus la lumière sur des superficies trop souvent brillantes et stériles; on s'emparera d'un coin des connoissances humaines

---

« de toutes les institutions sociales, com-
« me il a été l'image de la plus simple, la
« moins agitée et la plus parfaite. Mais
« l'impiété calomnia des établissemens
« qu'elle ne pouvoit asservir; ils furent
« dissous et tombèrent, laissant des re-
« grets aux chrétiens, aux sages, aux po-
« litiques; et à l'imagination des poëtes,
« le tableau idéal de la félicité de l'âge
« d'or, qu'a retracé l'auteur illustre du
« *Télémaque.* »

(*Histoire de* Spinalba, tom. premier, pag. 35 et suiv.)

que l'on défrichera, que l'on creusera à fond, si j'ose m'exprimer de la sorte, et auquel on confiera des germes féconds, qui, dans la suite, produiront des fruits précieux. Ce bienfait est encore une pensée de cet ordre à jamais célèbre, dont l'influence embrassoit à la fois les deux mondes; qui plantoit en même-temps l'étendard de la croix sur les tours de porcelaine de Pékin, et parmi les roseaux du Paraguay; et qui, se servoit du levier puissant de la religion pour fonder la prospérité de son gouvernement, comme il employoit la magie des sciences et le charme des arts pour garantir le triomphe de la religion.

L'église des ci-devant jésuites, grande, élégante et bien percée, a été reconstruite vers le milieu du dernier siècle; elle est maintenant paroissiale, sous l'invocation de St. Etienne.

Maisons religieuses de Filles.

Faisons maintenant une revue

aussi succinte de ces établissemens que la politique éclairée par une connoissance profonde du cœur humain avoit consacrés à la piété, à l'instruction, au malheur. Pendant l'existence des couvens, il sembloit que l'ingratitude fermât les yeux sur leur utilité, pour ne s'occuper que de leurs abus, énormement exagérés par la philosophie. Il y auroit de la folie à prétendre qu'ils en étoient exempts; institués par des hommes, ils portoient, dès leur origine, le sceau de notre fragilité; le temps, je le veux croire, et la contagion, qui du siècle pénétroit jusque dans les cloîtres, y avoient progressivement amené quelques vices et le relâchement. Mais si ces grands corps étoient malades, falloit-il les tuer pour les guérir? Il étoit, ce semble, d'une plus exacte justice de considérer leurs rapports, si multipliés, avec l'ordre social, l'influence qu'ils exerçoient sur la moralité publique. Aujourd'hui l'on pleure sur leur ruine. Les pauvres, les voyageurs, les prisonniers, les pélerins se demandent comment s'est tarie la source de leurs secours. Ceux que de vaines passions ont tourmentés soupirent au souvenir de ces asiles où les passions venoient s'éteindre. Les familles nombreuses ne savent quel destin assurer à leurs vierges délaissées. C'est sur-tout à la suite du bouleversement, que l'on aime, que l'on cherche le repos. Où le trouver ? Tout le monde n'est pas appellé à partager les bruyans travaux du siècle : il est des ames tendres pour qui la mélancolie est un plaisir et la solitude un besoin. Il est aussi de ces pertes, dont le cœur saigne toute la vie, qui deviennent plus amères par le mouvement qui les rappelle, et qui, sans pouvoir s'oublier, s'adouciroient au moins dans le calme du désert. Gouvernement réparateur, les eaux du déluge mouillent encore la terre, et la timide colombe ne sait où poser le pied ; tiendrez-vous long-temps l'arche fermé à ses gémissemens ?

L'Abbiette.

Les noms des comtesses de Flandre, Jeanne et Margueritte, reviennent presqu'à chaque fois qu'il est question de fondations pieuses. Celle de la petite abbaye, dite *abbiette*, leur est due. Elle étoit regardée comme la première dans la hiérarchie de celle de Lille ; et ce, à différens titres. Des rois, des empereurs et des princes souverains l'avoient toujours honorée de leur protection distinguée. Elle comptoit parmi ses dignitaires des dames de la plus haute naissance, ou du mérite le plus reconnu. Les souverains pontifes l'avoient souvent gratifiée de leurs indulgences. Enfin, leur régime même et jusqu'à leur costume, faisoient rejaillir sur ces religieuses une véritable illustration. La demeure de chacune, parfaitement isolée, étoit servie par une converse. Dans un réfectoire, qui leur étoit commun, on admiroit deux beaux portraits des fondatrices. Leur office se célébroit avec beaucoup de pompe et de dignité. Dans une de leurs chapelles, étoit inhumées les entrailles de l'électeur de Bavière, archevêque de Cologne.

Cette maison, destinée aux demoiselles d'un rang audessus de l'ordinaire, procuroit à la fois de grands soulagemens aux familles peu fortunées, et aux indigens, dont ses libéralités diminuoient chaque jour le nombre. Elle jouissoit dans toute la chrétienté d'une singulière considération.

Monastères d'Enseignement.

Lille en comptoit trois de filles. Premièrement, les ursulines et les dames du St. Esprit, qui tenoient aussi un pensionnat. En second lieu, les sœurs de St. François de Sales, qui recevoient chez elles, ce qu'on appelloit alors : *dames en chambres*. C'étoient, pour l'ordinaire, des célibataires ou des veuves, maltraitées par le siècle, ou par la fortune, et qui, au moyen d'une modique somme annuelle, trouvoient dans l'enceinte d'un couvent la paix du cœur et quelquefois la santé, qu'elles auroient vainement poursuivies dans le reste du monde.

Maisons de Charité.

Voici un spectacle digne de l'admiration de toute la terre. Dans le creux de cette cave humide, est étendu sur quelques brins de paille un infortuné que la débauche et la misère ont livré à la maladie. Il expire au milieu d'une corruption fétide qui repousse de son grabat tout être qui aime la vie; il va mourir abandonné?... Non... La providence destine à ses derniers momens cette jeune sœur-grise, qui, les yeux baissés, s'échappe d'une prison, où elle vient de porter des remèdes et des consolations. Un mot dit à la vierge la détermine, non cependant sans la faire rougir ; car elle touche à peine à sa vingt-troi-

sième année, et elle a peu la science des choses. Ce qu'elle n'ignore pas, c'est la charité. Remuée par son sentiment délicieux, elle descend dans le bouge infect, où la mort s'est fait précéder de ses plus hideux précurseurs. La fille de Dieu frissonne d'abord; mais bientôt la piété la transforme en héroïne. Elle oublie sa jeunesse; car, pour ses charmes, elle n'y a pas songé, depuis qu'un tissu sombre et grossier les dissimule. Elle brave les vapeurs empestées où, pour ainsi dire, nage le patient. Elle s'agenouille à son chevet, aux côtés de la mort. Au risque d'en être frappée elle-même, elle apporte des parole de vie. Le moribond ouvre ses yeux déjà fermés; cette voix douce et pieuse a tendrement retenti sur son cœur. Quel est cette substance angélique, se dit-il? Pauvre délaissé! c'est la sœur-grise qui vient te rendre à l'existence, ou t'adoucir le passage à la mort! Il sourit le malheureux, et ce sourire a déjà payé la vierge. Il encourage sa vertu, il
augmente

augmente son ardeur. Unissant l'inquiétude de la charité aux délicatesses de la miséricorde, elle court réveiller dans les ames le besoin de la bienfaisance. C'est un pauvre s'écrie-t-elle, c'est un membre de Jesus-Christ ! Il expire plus encore de ses misères que de sa maladie. Homme riche, noble dame, secourez votre semblable !... Qui résisteroit à cette éloquence du cœur, à ces accens qu'interrompent des larmes ?... Sous les mains industrieuses de la sœur-grise, le grabat vermoulu se change en couche moëlleuse ; un doux et blanc linceul rafraîchit le corps meurtri du malade ; il respire avec aisance, il s'étonne de se mouvoir sans douleur. La bonne fille ne le quitte point. Infirmités, dégoûts, caprices, mauvaise humeur, elle supporte tout avec un calme inaltérable. Il est vrai que son cœur saigne quelquefois à l'aspect d'une plaie horrible et honteuse.... Il est aussi vrai qu'un rouge pudique colore son front.... Mais son devoir est de tout subir, et c'est aux pieds de la croix qu'elle avale l'amertume de cette lie. Cependant, il faut préparer à mourir cet homme que rien n'a pu sauver. Il est dans la force de l'âge, s'est précipité dans l'infamie et a négligé les choses saintes. C'est alors que le zèle de l'héroïne augmente; c'est alors que, du fond de son ame toute de feu, elle tire ces grandes paroles qui brisent le pécheur. L'ignorante fille des cloîtres devient prédicateur habile; d'une main elle offre un breuvage, de l'autre elle élève le crucifix. Non, le libertin ne mourra point dans l'impénitence finale. Ses pleurs coulent et ce n'est pas sur ses souffrances; il gémit sur ses crimes, il veut que la vierge s'unisse à lui pour en solliciter le pardon. Quel tableau! au même chevet, la pureté et la corruption, l'innocence et le crime; l'innocence qui prie, le crime qui s'émeut au repentir. Dieu ne restera point inflexible; il fait grâce au client, et charge de son expiation l'avocate qui s'est dévouée à son salut.

Il y avoit à Lille trois monastères de ces filles de St. Vincent de Paule, toutes semblables à celle dont nous venons de tracer un foible crayon. Les sœurs-noires, établies vers la fin du quatorzième siècle; les sœurs grises, en 1500; et les madelonnettes, vers 1460. Ces dernières, ajoutoient aux secours qu'elles alloient porter aux malades de la ville, la direction d'une maison de folles. Aussitôt que l'humanité eût montré une misère à la religion, celle-ci lui indiqua des remèdes et lui donna des médecins.

Autres monastères.

Cette ville en comptoit encore un bon nombre. Les filles de Ste. Claire, modèles de pénitence et d'humilité. Ces religieuses marchoient pieds nus, ne se servoient, au lieu de linge, que de camisolle de laine; portoient un habit de bure brune ceinte d'une corde à nœuds; faisoient jeûne, abstinence et maigre toute l'année;

chantoient matine à minuit, ne se montroient à la grille que voilées et n'y parloient qu'à genoux; et après avoir vécu d'aumônes, et dans l'abnégation, expiroient sur la cendre. Les célestines, qui justifioient ce beau nom par une retraite si absolue, qu'elles n'en sortoient que quatre fois dans l'année pour voir leurs seuls proches parens. Les autres couvens étoient ceux des brigittines, fondés en 1595; des annonciades, qui datoient de 1613; des capucines, établies en 1627; des urbanistes, reconnues à peu près dans le même temps; des collettines, des dominicaines et des carmelites.

Béguinage.

Cette institution, comme en Hollande et dans la ci-devant Belgique, étoit destiné à quatorze femmes, qui y trouvoient toute la tranquillité du cloître, sans être enchaînées par ses liens. Chacune d'elles étoit logée dans un petit appartement séparé;

et elles n'avoient de point obligé de réunion, que leur chapelle. Le roi nommoit à ces places vivement désirées par l'indigence honnête et le malheur.

Maison de Salut.

Etablissement qu'il eût peut-être été plus convenable de classer parmi les hôpitaux. C'est une maison où l'on asservissoit au travail ceux que l'oisiveté avoit jetés dans la débauche et la misère. Bien différentes de ces prisons, prétendues de correction, où le vagabond et le libertin nourrissent du pain de l'état leur paresse; et qui, entrés déréglés dans ces écoles du vice, en sortent ordinairement profés en scélératesse, et prêts à punir, par de nouveaux attentats, la société de son excessive indulgence.

4°. Collèges.

Nous retrouvons encore l'église dans ces fondations, où par l'onction de la confiance et de la piété, elle émoussoit pour les élèves les épines des premières études. Avant 1789, Lille se glorifioit de trois colléges. Le premier, appellé de St. Pierre, étoit desservi par des ecclésiastiques séculiers, et possédoit un pensionnat. Le deuxième, occupé, avant la suppression de la compagnie de Jesus, par des pères de cette société, étoit composé d'un principal, d'un sous-principal, d'un professeur de réthorique et de cinq autres. Le troisième étoit rempli par des augustins, et portoit leur nom.

Dans ces trois institutions, on commençoit l'initiation à la science littéraire par ses élémens. Peut-être peut-on observer que, dans les degrés suivans, on imposoit aux disciples une marche trop lente, et qu'on limitoit un peu trop l'essor de leur esprit. Cela paroît vrai sous certains rapports. Dix années de plein exercice pour apprendre une langue, qu'on parloit mal, qu'on expliquoit médiocrement après cette période, accusoient certainement la méthode qui les exigeoit, et demandoient qu'on la rectifiât. C'est ce qu'il falloit faire, et c'est ce qu'on n'a pas fait. Les novateurs, esprits ardens et peu réfléchis, ont confondu la chose avec l'abus, et sous prétexte de détruire celui-ci, ils ont anéanti la première. A l'enseignement graduel, trop lent, nous le répétons, mais d'une utilité facile et reconnue, ils ont substitué l'enseignement simultané; conception la plus absurde qui ait pu infecter des cerveaux délirans d'une perfectibilité chimérique. Douze années perdues pour l'instruction, ont été dévorées par l'ignorance, la présomption, le faux-savoir et l'immoralité. Fort heureusement, les progrès de ce *vandalisme* ont été arrêtés à temps. Le rétablissement de l'éducation graduelle est venu consoler les véritables amis de la patrie et des enfans. Au cours de morale qu'il est ridicule de professer, mais dont l'influence étendue à tout, se fait sentir à chaque occasion, on substituera l'étude, et sur-tout la pratique de la religion. Déjà plusieurs pensionnats, dont nous parlerons en leur lieu, ont confié leurs élèves à de respectables ecclésiastiques, éprouvés par la persécution. Osons affirmer que la doctrine de leur divin maître, ne leur permettra jamais de jeter sur le passé le regard de haine, et sur leurs ennemis celui de l'intolérance. C'est par la douceur de Jesus, que, durant l'accès des fureurs publiques, ils ont répondu à leurs bourreaux; ils continueront à donner à leurs élèves l'exemple de la longanimité. Cette vertu sublime influe sur l'enseignement plus qu'on ne le pourroit croire : les meilleurs chrétiens seront, quand ils le voudront, les littérateurs les plus agréables, les érudits les plus profonds, et les artistes les plus distingués.

A l'article des écoles secondaires de Lille, nous dirons un mot du lycée établi à Douay.

§. II. ORDRE JUDICIAIRE.

1°. *Administration municipale.*

Elle étoit mêlée d'aristocratie, puisque plusieurs des officiers qui la composoient étoient permanens; et de démocratie, puisqu'un certain nombre étoit électif. On y retrouve, en petit, si non l'origine, au moins l'image du gouvernement représentatif.

Le corps municipal étoit composé de trente-trois officiers électifs, dont vingt-cinq se renouvelloient chaque année par des commissaires du roi nommés à cet effet. Les huit autres étoient au choix des curés des quatre plus anciennes paroisses. Le chef de la municipalité se nommoit *rewart*, du mot latin *regardum*, c'est-à-dire, *qui voit tout*. L'autorité dont jouissoit ce magistrat étoit moins étendue que la considération qui l'environnoit n'étoit assurée. Douze échevins, dont le premier sous le nom de *mayeur* (*major*), et le second sous celui de *cottereau* (*collatéral*), l'aidoient dans ses fonctions. Douze conseillers, dont quatre appellés voir-jurés et huit prud'hommes; trois conseillers-pensionnaires; deux greffiers, l'un pour les affaires civiles, l'autre pour les affaires criminelles; et un procureur-syndic, ou l'homme du roi, complettoient l'administration. Il faut y ajouter trois trésoriers.

Ce corps de la ville, ou ces représentans, prenoient collectivement le titre imposant de *la loi*. On y régloit ce qui concernoit la police, les manufactures, les arts et métiers, les finances et les parties imprévues de l'administration. Il ressortissoit immédiatement au conseil supérieur de Douay.

2°. *Prévôt.*

Uniquement chargé des matières criminelles et de la police, sa jurisdiction ne faisoit point partie du corps de la magistrature.

3°. *Juridictions subalternes.*

Elles étoient au nombre de quatre : la première, sous le titre de gardes-orphelins, étoit établie pour assurer aux pupilles une protection assurée contre l'ignorance ou la mauvaise foi. La seconde, d'où il semble que la législation nouvelle ait pris l'idée des juges de paix, se nommoit des appaiseurs, et connoissoit en première instance des injures verbales. La troisième, qu'on appelloit siége de la saïetterie, jugeoit les contraventions aux réglemens des manufactures et les contestations survenues entre les maîtres et les ouvriers. La quatrième enfin, qui dépendoit du collége de médecine, outre qu'elle décidoit tous les cas qui sont relatifs à cette profession, devoit aussi veiller avec un soin scrupuleux à la qualité des drogues mises en vente dans la ville.

Châtellenie de Lille.

Dans son ressort étoit compris près

de dix lieues de diamètre. Elle formoit un des quatre membres des états de la province, et contenoit environ cent soixante mille habitans. Son commerce étoit évalué à quatorze millions de livres de France. Nous parlerons ci-après des productions et de l'industrie qui mettoient cet argent en circulation.

La châtellenie avoit plusieurs jurisdictions, qui, quoique détruites, doivent être relatées au tableau de Lille avant la révolution.

4°. *La Gouvernance.*

Ainsi nommée du gouverneur, qui en étoit le chef nécessaire. Cette jurisdiction, qui s'étendoit à toute la châtellenie, avoit été formée en titres héréditaires, par édit de 1693. On voit qu'elle a subsisté près d'un siècle.

5°. *Le Bailliage.*

Composé d'un bailli, d'un lieutenant, de sept conseillers, d'un greffier, d'un dépositaire et d'un receveur des épices; ce tribunal, le plus ancien du pays, et institué par les comtes, bien avant que la Flandre fut réunie à la France, connoissoit des actions réelles par plainte à la loi, des actions personnelles, réelles et mixtes, des chemins et des affaires criminelles. Il partageoit sa jurisdiction, ou du moins il l'exerçoit concurremment avec la gouvernance.

6°. *Chambre des comptes.*

Cet établissement qui devoit son existence au duc de Bourgogne, Philippe-le-Hardi, fut suspendu en 1667, lorsque le roi Louis XIV se fut rendu maître de la ville. Sa majesté remplaça alors la chambre des comptes par un seul garde des archives, qui depuis ont été réunies aux successives administrations départementales.

7°. *Bureau des finances.*

Créé au mois de Nombre 1691. Ses principales fonctions étoient de veiller à la conservation des domaines du roi, à recevoir les fois et hommages, aveux et dénombremes des fiefs relevant de S. M. et à remplir les autres devoirs imposés aux bureaux des finances du royaume. L'administration des domaines l'a remplacé.

8°. *Hôtel et cour des monnoies.*

Selon l'ancien historien de Lille, il avoit été érigé en 1685, afin de convertir en monnoies françaises, les réaux et autres pièces d'Espagne qu'avoit laissés dans la province la domination de cette couronne. Les espèces qu'il fabrique sont marquées de la lettre *W.* Quant à la cour, qui en dépend, elle connoissoit de l'enregistrement des lois sur le fait des monnoies, comme aussi des contraventions qui pouvoient survenir dans leur fabrication, émission et circulation. Ces attributs appartiennent aujourd'hui aux tribunaux criminels.

9°. *Autres jurisdictions.*

Telles que la maîtrise des eaux et forêts de Phalempin, qui, cependant, tenoit son siége dans Lille. La chambre du commerce qui veilloit à sa conservation et à son avancement. La jurisdiction consulaire composée d'un juge, de quatre consuls et de six conseillers choisis parmi les jeunes négocians. Le tribunal des maréchaux de France, qui avoit la connoissance des cas prévôtaux. Et la chambre syndicale des libraires et imprimeurs, subordonnés aux échevins. Cette dernière jurisdiction, qui, d'une part visitoit tous les livres venant de l'étranger, et de l'autre s'opposoit à l'introduction et à la libre circulation de ceux qui attentoient à la tranquillité de l'état, à la pureté des mœurs et au respect dû à la religion; cette jurisdiction, disons-nous, sauf quelques modifications, seroit d'un rétablissement très-urgent, dans un moment où la licence de la presse n'a plus de frein. Elle régleroit aussi les connoissances nécessaires pour devenir imprimeur ou libraire. Mais ce n'est pas dans un ouvrage, borné à un objet particulier, qu'il est convenable d'élever une discussion qui tient à la politique générale (1).

---

(1) Un mot cependant sur cette grande question de la liberté de la presse. Avouons franchement, que jusqu'alors elle n'a été insoluble que par la timidité de la puissance et les prétentions des écrivains. Posons aussi un principe, dont l'opiniâtre philosophisme ne conviendra pas : c'est que, durant le siècle qui a précédé celui-ci, toutes les questions ont été agitées, aussi-bien que durant ses dix dernières années, elles ont été résolues. On sait à quoi s'en tenir sur de spécieux projets de perfectionnement, sous lesquelles on a trouvé la soif de la domination, et au-delà, s'il faut l'avouer, des violences et du sang. Si donc on ne veut plus de sang, ni de violences, on doit s'accorder sur les trois grandes bases de l'ordre social : une religion, un gouvernement, une moralité publique. Ce point fixé, et l'immense majorité, que dis-je, la presque totalité de la France, y a manifesté sa pleine adhé-

sion ; ce point fixé, les corollaires sont faciles à déduire. Liberté de conscience, autorité légale du gouvernement légitime, respect pour les mœurs ; ensuite, si vous voulez, liberté de la presse, mais liberté avec le contre-poids d'une censure, pour les objets généraux, et d'une loi répressive de la calomnie pour les cas particuliers. On tremble de hasarder dans une note de quelques lignes des décisions qui supposent une discussion de plusieurs volumes : mais les bons esprits ont moins besoin d'être éclairés que déterminés. On ne se hasarde d'ailleurs à prononcer, qu'après avoir médité long-temps et sur-tout bien senti. Deux mille volumes de probabilités, fussent-ils pensés par Montesquieu et écrits par Rousseau, sont bien légers en comparaison d'une expérience de dix années. N'oublions pas que le déchaînement de la presse a renversé la monarchie, et que sa juste limitation a élevé le gouvernement réparateur du 18 Brumaire.

CHAPITRE III.

Tableau chronologique des Souverains de Lille.

NOTICE HISTORIQUE.	PRINCES CONTEMPORAINS.	HOMMES CÉLÈBRES.
FORESTIERS DE FLANDRE. 1. LYDÉRIC. Fils de Salvaër, prince de Dijon et d'Emelgaïde. Au commencement du 6e. siècle, Salvaër passant, entre l'endroit, où depuis Lille fut bâtie & le château de Cambrai, occupé au nom du roi de Soissons, Clotaire II, par un tyran subalterne nommé Phinar, tombe dans une embuscade que lui tend ce brigand, et meurt sous ses coups. Emelgaïde, couverte du sang de son époux, se réfugie dans un petit vallon de la forêt dite alors *Sans-Pitié*.	PAPES. Jean IV. 641. Théodore. 649. Martin I. 654. Eugène I. 656. Vitalien. 669. Déodat. 676. Conon. 681. ROIS DES FRANÇAIS. Clotaire II. 628. Dagobert I. 638. Clovis II. 656. Clotaire III. 670. Dagobert II. 678. Thiery. 690.	N. B. Au défa[ut] des lillois fameu[x] dont l'histoire [ne] remonte pas pl[us] loin que le onziè[me] siècle, nous allo[ns] citer quelques pe[r]sonnages plus u[ni]versellement célè[]bres. S. Benoît. 543. Fortunat. 600. Grégoire de Tou[rs] 595. Jean Climaque. 6[] Marculfe. 660. Procope. 520. S. Remy. 535. Symmaque. 514.

ET MODERNE. 83

NOTICE HISTORIQUE.	PRINCES CONTEMPORAINS.	HOMMES CÉLÈBRES.
Elle y est secourue par Lydéric, qui vivoit dans un hermitage, au bord de la fontaine, qu'on nomme encore aujourd'hui de *le Saulx*. C'étoit un bocage planté de saules, ainsi appellé par corruption. La princesse, après avoir mis au monde un enfant, est enlevée par les agens de Phinar. Son fils, soustrait à leurs recherches, est élevé sous le nom de Lydéric, par le bon hermite. Devenu grand, il passe en Angleterre, où il fait son apprentissage d'armes. A l'âge d'environ vingt-cinq ans, il revient en France, paroît à la cour de Clotaire, devenu roi des trois royaumes de Bourgogne, d'Austrasie et de Soissons; demande et obtient la permission de se mesurer avec le tyran Phinar, le persécuteur de sa maison. Lydéric tue Phinar, duquel il hérite. Il est nommé par Clotaire grand forestier de Flandre. Il fonde Lille pour éter-		

Notice historique.	Princes contemporains.	Hommes célèbres.
niser la mémoire de son triomphe. On croit que le *Pont-de-Phin* tire son étymologie du nom de Phinar, qui y fut immolé par Lydéric. Nous ajoutons que quelques historiens ont cité ce prince sous le nom de comte d'Harlebeck. *Mort en 692, enterré à Aire qu'il avoit fondé.* ### 2. ANTOINE. Second fils de Lydéric, il succéda à son père en 692. Incapable de gouverner, il fournit aux étrangers les moyens d'envahir son pays. En effet, les Vandales et les Huns descendent en Flandre, qu'ils ravagent. Les villes, la plupart naissantes, qui faisoient résistance, sont entièrement saccagées. Antoine fuit en France. *La date de sa mort est incertaine.* ### 3. BOUCHART. Succède à son père Antoine. Thierry, roi de France,	 PAPES. Serge I. 701. Constantin. 714. Grégoire II. 731. Grégoire III. 741. ROIS DE FRANCE. Clovis III. 695. Childebert III. 711. Dagobert III. 716. Chilpéric II. 720. *Idem.*	

ET MODERNE.

NOTICE HISTORIQUE.	PRINCES CONTEMPORAINS.	HOMMES CÉLÈBRES.

le prive de la Flandre, pour avoir secouru Pépin, maire du palais, son ennemi.
    La Flandre est de nouveau ravagée par les Huns.
    Bouchart s'allie à la maison de Pépin & à celle de Lorraine.
    La date de sa mort est incertaine.
 	
  4. ESTORE.
    Etoit fils de Bouchart et d'Hervide de Lorraine, de laquelle il hérita cette principauté.
    Il délivre la Flandre d'un grand nombre de brigands, et se voit secondé par Charles Martel, maire du palais.
    Mort en 792.
 	
  5. LYDÉRIC II.
    Comte d'Harlebeck, qui fut érigé en sa faveur en suzeraineté, par Charlemagne, charmé de ses belles actions.
    Epouse Flandrine d'Allemagne, qui, dit-on, donna son nom à la Flandre.
    Gouverna pendant 44 ans
	PAPES.
	
	Zacharie. 751.
	Etienne II. 752.
	Etienne III. 757.
	Paul I. 767.
	Etienne IV. 772.
	
	ROIS DE FRANCE.
	
	Thierry IV. 736.
	  (*Interrègne.*)
	Gouvernement de Charles Martel. 741.
	Childeric III. 750.
	
	2e. Race.
	
	Pépin le bref. 768.
	
	PAPES.
	
	Adrien I. 795.
	Léon III. 816.
	
	ROIS DE FRANCE.
	
	Charlemagne. 814.
	Louis I, le débonnaire. 840.
		
		S. Lulle. 786.
		Alcuïrne. 804.
		Eginhard. 840.
		Dodane, duchesse de Septimanie et femme du comte Bernard de Barcelone. 842.

Notice historique.	Princes. Contemporains.	Hommes célèbres.
avec beaucoup de sagesse et de modération. *Mort en 836, enterré à Harlebeck.* ### 6. INGUELRAM. Issu de Lydéric II, auquel il succéda dans la possession du comté d'Harlebeck et dans le gouvernement de la Flandre. Il releva plusieurs châteaux et forts ruinés sur les bords de la mer. Et gouverna seize ans avec sagesse. *Mort en 852, inhumé à Harlebeck.* ### 7. ODOACRE. Il étoit fils d'Inguelram. Il régna onze ans; fit bâtir plusieurs forteresses et entoura de murs la ville de Gand. Il avoit épousé la fille du comte de St. Pol, dont il eut Baudouin, dernier forestier et premier comte de Flandre. *Mort en 863, repose à Harlebeck.*	**PAPES.** Etienne V. 817. Paschal I. 824. Eugène II. 827. Grégoire IV. 843. Serge II. 847. Léon IV. 855. (Fausse papesse Jeanne.) Benoît III. 858. **ROIS DE FRANCE.** Louis le débonnaire. 840. Charles le chauve. 877. *Idem.*	Jonas, év. d'Orléans. 842. Loup. 853. Méthodius. 847. Raban Maur, archevêque de Mayence. 856. Walafride. 859.

ET MODERNE.

NOTICE HISTORIQUE.	PRINCES CONTEMPORAINS.	HOMMES CÉLÈBRES.
COMTES DE FLANDRE. 1. BAUDOUIN I. Dit Bras-de-Fer, parce qu'il étoit toujours armé. Enlève Judith, veuve d'Etelwolph, roi d'Angleterre, et fille de Charles le chauve, empereur et roi de France. Cet événement, qui allume la guerre entre les Français et les Flamands, se termine par une bataille sanglante, où ceux-ci remportent sur les premiers, une entière victoire. Il en résulte entre les puissances un accommodement. Baudouin, étant allé se jeter aux genoux du pape Nicolas, ce pontife obtient son pardon de l'empereur son beau-père. Celui-ci même veut bien le sceller, en rendant héréditaire, en faveur de son gendre, le grand fief de la Flandre, amovible qu'il étoit; sous la condition cependant qu'il releveroit de la couronne, à laquelle son possesseur	PAPES. Nicolas I. 867. Adrien II. 872. Jean VIII. 882. ROIS DE FRANCE. Louis II, dit le bègue. 879.	

NOTICE HISTORIQUE.	PRINCES CONTEMPORAINS.	HOMMES CÉLÈBRES.
éventuel seroit tenu d'en faire hommage. *Mort à Arras, en 879; enterré à St. Omer, dans l'église de St. Bertin.* 2. BAUDOUIN *le Chauve*, 2e. du nom. Second fils de Baudouin Bras-de-Fer, et de Judith, succéda à son père par la mort de son frère aîné. Remporte plusieurs victoires sur les Danois et sur les Normands. Bâtit la ville de Bergues qu'il appelle St. Winock; fortifie celles d'Ypres et St. Omer; entoure de murailles celle de Bruges. Il avoit épousé Eltrude, fille du roi d'Angleterre, princesse pieuse, qui lui donna quatre enfans. *Mort en 919, enterré à St. Pierre-lez-Gand.* *Eltrude mourut en 929; elle est inhumée près de son mari.* 3. ARNOULD *le vieux.* Fils aîné du précédent. Pour l'aider à purger la Flandre des Huns, des Vandales et des Normands qui l'infestoient, le pape lui ac-	PAPES. Adrien III. 885. Etienne VI. 891. Formose. 896. Boniface VI. *Id.* Etienne VII. 900. Jean X. 928. ROIS DE FRANCE. Louis III $\Big\}$ 882. et Carloman. $\Big\}$ 884. Charles-le-Gros. 888. Eudes. 898. Charles-le-Simple. 929. PAPES. Léon VI. 929. Etienne VIII. 931. Jean XI. 936. Léon VII. 939. Agapet II. 955.	Regnault de Saluces. Eudes, comte de Paris. Robert, comte de Paris. Hugues-le-Grand. Abbon. 892. Hincmar. 882. Jean Scot. 883. Eudes de Cluni. 942. Flodoard. 966.

NOTICE HISTORIQUE.	PRINCES CONTEMPORAINS.	HOMMES CÉLÈBRES.
corda les dîmes du pays. Erige Gand en vicomté. Se démet de ses états, en faveur de son fils, et meurt âgé de plus de 92 ans. Il avoit épousé la fille du duc de Vermandois, dont il eut deux filles et un garçon. *Mort en 968, enterré à St. Pierre-lez-Gand.*	Jean XII. (Octavien.) 964. ROIS DE FRANCE. Raoult. 936. Louis IV, dit d'Outremer. 954. PAPES. *Idem.* ROIS DE FRANCE. *Idem.*	
4. BAUDOUIN III, dit *le jeune.* Revêtu de la souveraine puissance par le comte Arnould son père, ce prince auroit fait les délices de ses peuples, si une mort précoce ne le leur eut enlevé. Son règne, qui ne dura que trois ans, fut remarquable par des lois et des réglemens commerciaux. Il mourut de la petite vérole. Il avoit épousé Mathilde, fille d'Herman, duc de Saxe, de laquelle il eut un fils qui lui succéda. *Mort en 967, enterré à Bergues.*	PAPES.	
5. ARNOULD *le jeune,* 2e. du nom. Sa minorité avoit été con-	Benoît VI. 974. Boniface VII. 975. Benoît VII. 984.	Suidas.

H

Notice historique.	Princes contemporains.	Hommes célèbres.
fiée au régent, Arnould, son grand-père. Mais ce vieillard étant mort, Lothaire, roi de France, profita de la foiblesse du prince enfant, pour le dépouiller de ses états, que cependant il lui rendit par la suite. *Il mourut des suites d'une fièvre chaude, en 988, et est enterré à S. Pierre-lez-Gand.*	Jean XIV. 985. Rois de France. Lothaire. 986. Louis V, dit le Fainéant. 987.	
6. BAUDOUIN IV, dit à *la Belle-Barbe*. Il étoit fils du comte Arnould le jeune et de Rose de Lombardie, fille du roi Bérenger. S'étant emparé de Valenciennes, sur l'emp. Henri II, qui, avec Robert, roi de France, et Richard, duc de Normandie, en firent le siége, il défendit cette ville avec tant de vaillance, qu'il les contraignit de le lever. Il céda Cambrai à l'empereur qui lui donna en échange les iles de Walchren et de Zélande. Il établit la chancellerie, fit bâtir les premières mu-	Papes. Jean XV. 996. Grégoire V. 999. Sylvestre II. 1003. Jean XVI, dit XVIII. 1003. Jean XVII, dit XIX. 1009. Serge IV. 1012. Benoît VIII. 1024. Jean XX. 1033. Rois de France. 3e. Race. Hugues Capet. 996. Robert. 1031.	Adalbéron. 988. Folcuin. 990. Adhémar. 1029. Aymoin. 1008. Fulbert. 1028. Gerbert. (Sylvestre II) 1003.

ET MODERNE.

NOTICE HISTORIQUE.	PRINCES CONTEMPORAINS.	HOMMES CÉLÈBRES.
railles de Lille, l'an 1030, et mourut cinq ans après, à la suite d'un règne de 46 ans. *Mort en 1035, enterré à St. Pierre-lez-Gand, près de son épouse Ognie, ou Ulrique de Luxembourg.* 7. **BAUDOUIN V**, dit *de Lille.* Ainsi surnommé à cause de la singulière affection qu'il portoit à cette ville. S'il n'en est pas le fondateur, du moins ne peut-on pas lui contester de l'avoir élevée par ses embellissemens au rang des villes du premier ordre, dans ce temps. Elle est placée dans celui-ci, parmi les communes de 3e. classe. Baudouin entourre Lille de murailles, la munit de portes et de fossés. Il fonde la célèbre collégiale de St. Pierre. Unissant la bravoure à la piété, il joint, par les armes, le comté de Hainaut à celui de Flandre, et pour se l'assurer, marie son fils à Richilde, qui en étoit héritière.	PAPES. Benoît IX. 1048. Grégoire VI. 1046. Clément II. 1047. Damase II. 1048. Léon IX. (S.) 1054. Victor II. 1057. Etienne X. 1058. Nicolas II. 1061. ROIS DE FRANCE. Philippe I, pupille de Baudouin.	Avicenne. 1036. Etienne, roi de Hongrie. 1038. Guy d'Arezzo. 1050. Humbert, cardinal. 1063. Jean, médecin du roi de France. S. Odilon, fondateur de la fête pieuse, touchante et philosophique des morts. 1049.

NOTICE HISTORIQUE.	PRINCES CONTEMPORAINS.	HOMMES CÉLÈBRES.
Régent de France, à cause d'Adele, sa femme, fille de Robert Capet; il gouverne ce royaume avec une politique éclairée. Il soumet, au roi, son pupille, Philippe I, les gascons rebelles. Décore Lille d'un palais, où il loge ce jeune souverain et les principaux officiers de la couronne. Accorde à Lille le privilège de frapper monnoie. On lui reproche d'avoir terni l'éclat de ses rares qualités et de ses grandes actions, par une ambition démesurée, qui le porta à faire la guerre à son père. *Mort en 1067, enterré dans le chœur de la collégiale St. Pierre de Lille.*		
S. BAUDOUIN VI, dit *de Mons.*		
Du nom de l'héritière du Hainaut, que la politique de son père lui avoit donnée pour épouse. La constante douceur avec laquelle il gouverna ses états, lui mérita le second surnom de *Pacifique.*	PAPES. Idem. ROIS DE FRANCE. Idem.	

ET MODERNE.

NOTICE HISTORIQUE.	PRINCES CONTEMPORAINS.	HOMMES CÉLÈBRES.
Il environna des marques extérieures de l'autorité les baillis et chefs de la justice du Hainaut. Cette idée, dans ces temps encore peu éclairés, annonce beaucoup de connoissance du cœur humain. *Mort en 1070, enterré, avec Richilde, son épouse, au monastère d'Hannon.* 9. ARNOULD III, dit *le Simple.* Ayant partagé avec son frère Baudouin l'héritage de leur père, il se vit attaqué par Robert de Frise, son oncle, qui sous le prétexte de réclamer la tutelle de ces jeunes princes, les dépouilla de leurs états. Seconde bataille livrée en 1072 par Baudouin et Arnould contre l'usurpateur. Arnould y périt. Son oncle, soit qu'il voulut réparer, autant qu'il étoit en lui, le mal qu'il avoit fait à son neveu ; soit que son inimitié, allumée par l'ambition, s'éteignit par une mort qui combloit ses désirs, Robert, disons-nous, fit élever à Ar-	PAPES. Alexandre II. 1073. ROIS DE FRANCE. *Idem.*	Pierre de Damian, 1072.

Notice historique.	Princes contemporains.	Hommes célèbres.

nould un superbe mausolée à St. Bertin de Bergues.

La Flandre est partagée.

La Flandre proprement dite, ou *Flamande*, se déclare pour l'usurpateur.

La Française, en faveur d'Arnould, surnommé par par les uns, *l'Infortuné*, par d'autres *le Simple*, ce qui équivaut; car on regarde ordinairement comme simple, c'est-à-dire, comme peu habile, celui qui est malheureux. Ici la défaite accuse et la victoire justifie.

Lille passe sous la domination du vainqueur, dont la régente Richilde a beaucoup de peine à se garantir.

Mort en 1072, inhumé à St. Bertin de Bergues.

10. ROBERT DE FRISE, ou *le Frison*.

S'empare de l'héritage de ses neveux Arnould et Baudouin de Flandre.

Subit une guerre contre Guillaume Ier., roi d'Angleterre, qui lui refusoit, comme à un usurpateur, le tribut que ce royaume de-

Papes.

Idem.

Rois de France.

Idem.

Adam de Brême. 1075.
Lambert, évêque d'Arras. 1077.
Bérenger. 1088.
S Bruno. 1101.
Odon, évêque de Cambrai. 1090.

NOTICE HISTORIQUE.	PRINCES CONTEMPORAINS.	HOMMES CÉLÈBRES.
voit à la Flandre, et meurt avant de l'avoir terminée. Il avait épousé Gertrude de Saxe, dont il eut plusieurs enfans. *Mort en 1077, enterré à Wineudale.* 11. ROBERT *le jeune*, dit *de Jérusalem.* Ce prince, l'aîné des enfans de Robert le Frison, fit oublier, par ses hautes vertus, l'usurpation de son père. Il joignit beaucoup de prudence à beaucoup de hardiesse, et une extrême bonté à un extrême savoir. Croisé avec Godefroy de Bouillon, il coopéra à la prise de Jérusalem, dont par l'assentiment de l'armée chrétienne, il porta le nom. (*Voyez la note à la fin du présent tableau.*) Il cassa l'édit qui, contre le droit de propriété et la discipline, déclaroit les comtes de Flandre successeurs aux biens immeubles des ecclésiastiques. Il repoussa vaillamment l'empereur Henri II, auquel	PAPES. Grégoire VII. 1085. Victor III. 1087. Urbain II. 1099. ROIS DE FRANCE. Philippe I. 1108.	Raimbert (de Lille) professeur de dialectique aux écoles du chap. de S. Pierre. 1088.

NOTICE HISTORIQUE.	PRINCES CONTEMPORAINS.	HOMMES CÉLÈBRES.
il fit lever le siège de Douay. Il rétablit la peine du talion, dont il confia l'exécution au châtelain de Lille, Roger le jeune. Il mourut des suites d'une chute de cheval. Il eut pour compagne de son rang et de ses qualités, Clémence de Bourgogne, fille de Guillaume Tête-Hardi, et sœur du souverain Pontife Calixte II. Cette princesse lui donna trois garçons. *Mort en 1111, enterré à St. Waast, d'Arras.* 12. BAUDOUIN VII, dit *de la Hache.* Ce surnom singulier lui fut donné pour constater sa sévérité, nous pouvons même dire sa cruauté extrême. On a écrit qu'en effet, au lieu d'une canne, il portait ordinairement une hache de laquelle il frappoit ceux qui avoient mérité son animadversion. Il faut convenir, à la vérité, qu'il ne la dirigeoit que sur des exacteurs et des criminels. Il les traitoit sans pitié, et	PAPES. Pascal II. 1117. Gélase II. 1119. ROIS DE FRANCE. Louis VI, dit *le Gros.* 1137.	Anselme de Cantorbery. 1109. Eudes de Cambrai. 1113 Léon d'Ostie. 1112. Sigebert. 1113. Yves de Chartres. 1115. Robert d'Arbrissel. 1117. NOTICE

Notice historique.	Princes contemporains.	Hommes célèbres.
sa justice, environnée de formes violentes, ressembloit quelquefois à la vengeance. Témoins ces onze gentilshommes, reconnus voleurs de grand chemin, qu'il fit suspendre à une longue poutre, dans une salle de son palais de Winendale. Le divorce ayant été prononcé pour cause de parenté, entre lui et Anne de Bretagne, il n'eut aucun enfant, et désigna pour son successeur son cousin Charles de Dannemarck, fils du roi de ce pays et d'Adelle de Flandre, fille de Robert le Frison. Quelqu'inflexible qu'il fût envers les autres, cela ne l'empêcha point de se rendre coupable lui-même de plusieurs exactions. Entre autres, il retint long-temps des terres du chapitre de St. Pierre; et ce ne fut, qu'à la mort, en présence des évêques de Térouane et de Tournay, qu'il les restitua, en témoignant beaucoup de repentir de les avoir usurpées. *Mort en 1119.*		

NOTICE HISTORIQUE.	PRINCES CONTEMPORAINS.	HOMMES CÉLÈBRES.
13. CHARLES Ier., dit *le Bon*. Ses qualités bienfaisantes lui méritèrent ce titre et lui valurent la mort. Il la reçut dans l'église de St. Donat de Bruges, pour avoir manifesté son opposition aux combinaisons sordides et perverses des accapareurs du blé. Cette église le révère comme un martyr et fait son office. Sa veuve Marguerite, fille de Renaud, comte de Clermont, ne lui ayant donné aucun enfant, épousa, en secondes noces, Thierry d'Alsace, qui fut depuis comte de Flandre. *Mort en* 1127.	PAPES. Calixte II. 1124. ROIS DE FRANCE. *Idem.*	Guibert, abbé de Nogent. 1124. Guillaume de Champeaux. 1121.
14. GUILLAUME de *Normandie*. Ce prince, dont le nom étoit *Cliton*, neveu de Henri I, et qui, pour autoriser ses prétentions sur la Normandie, prenoit le titre de *Duc* de cette province; Guillaume, disons-nous, fit valoir ses droits sur la Flandre, comme descendant de Bau-	PAPES. Honoré II. 1130. ROIS DE FRANCE. *Idem.*	

Notice historique.	Princes contemporains.	Hommes célèbres.

douin de Lille. Il fut appuyé par Louis le Gros, qui le fit reconnoître. Mais à peine ce prince eut-il atteint un des objets de son ambition, qu'il fit éclater ses inclinations tyranniques. Des sujets du chapitre de St. Pierre se refusoient à payer leurs redevances; il les protégea. L'archevêque de Rheims et l'évêque de Thérouane ayant fulminé contre lui les censures de l'église, il s'en moqua. Il traita avec indignité le châtelain de Lille, vexa la noblesse de cette ville et commit ou permit de commettre sur le peuple quantité d'exactions.

Le peuple, la noblesse et le châtelain fatigués de ces mesures oppressives, reprirent leur liberté; mais, trop sages pour en jouir anarchiquement, ils confièrent le dépôt du pouvoir souverain à Thierry d'Alsace, second mari de la princesse Marguerite.

Deux partis divisèrent alors la Flandre; celui du tyran, qui avoit pour protecteur, le roi de France

Notice historique.	Princes contemporains.	Hommes célèbres.
Louis-le-Gros; et celui du souverain légitimement appellé par les droits du sang et par l'assentiment public. Ce dernier, enfermé dans Lille, fut obligé d'y soutenir un siège contre son compétiteur, qui, se voyant enfin abandonné par le roi de France, se jeta dans une mêlée au siège d'Aloste, où il mourut sans postérité. Mort en 1129. *Il fut enterré à St. Bertin de Bergues.*		
15. THIERY d'*Alsace*. Arrière petit-fils de Robert le Frison, il avoit d'incontestables droits à la souveraineté de la Flandre. Nous venons de voir comment appuyé par l'opinion de ses sujets, il les fit valoir. Après la mort de Guillaume, il fut reconnu pour quinzième comte légitime. Il gouverna avec vaillance durant la guerre, avec justice et piété pendant la paix. Nous avons dit qu'il avoit épousé en premières noces la veuve de Charles I. Il eut pour seconde fem-	PAPES. Innocent II. 1143. Célestin II. 1144. Luce II. 1145. Eugène III. 1153. Anastase IV. 1155. Adrien IV. 1159. ROIS DE FRANCE. *Idem.*	Gauthier de Châtillon. (de Lille.) Abélard. 1142. S. Bernard. 1153. Arnaud de Bresse. 1155. Héloïse. 1163. Pierre Lombard. 1164. Pierre le Vénérable, abbé de Cluny. 1157. L'abbé Suger. 1152. Matthieu de Montmorency. 1160.

Notice historique.	Princes contemporains.	Hommes célébres.
me la fille du roi de Jérusalem. Il est regardé comme le fondateur des abbayes de Loos et de Clairmaret. Après s'être croisé quatre fois, il abdiqua ses états, en faveur de son fils, et mourut en habit de religieux à Gravelines. Sa seconde femme qui l'avoit suivi dans son dernier voyage à la Terre-sainte, y mourut religieuse hospitalière de St. Lazarre. *Mort en 1169, enterré au monastère de Vatine.*		
16. PHILIPPE *d'Alsace.* Régna 22 ans. Il obtint de l'empereur le privilége d'importer dans l'Allemagne les draps qui se fabriquoient en Flandre. Ses lumières, sa bravoure, son intégrité lui méritèrent le titre de *Grand.* S'étant croisé, il mourut au siège de Ptolomaïd, ou Acre, et ne laissa pas d'enfans. *Mort en 1190, ou 11.*	PAPES. Alexandre III. 1181. Luce III. 1185. Urbain III. 1187. Grégoire VIII. 1187. ROIS DE FRANCE. Louis VII, dit le Jeune. 1180.	

NOTICE HISTORIQUE.	PRINCES. CONTEMPORAINS.	HOMMES CÉLÈBRES.
17. BAUDOUIN VIII. Ce prince, qui descendoit de Baudouin de Mons, sur les héritiers duquel nous avons vu que Robert le Frison avoit usurpé la Flandre, en fit rentrer la souveraineté dans la ligne légitime de ses comtes. Il eut de Marguerite sept enfans, dont quatre garçons. *Mort en* 1194.		
18. BAUDOUIN IX. Grand politique, ami de la justice et de l'ordre, généreux, brave, entreprenant; tel fut ce prince qui termina, par le martyre, une vie toute consacrée aux belles actions. Après avoir organisé dans Lille le gouvernement civil des échevins, fait des réglemens utiles sur le prix des vins et la fabrication des draps, il partit pour la Terre-sainte. Les croisés ayant pris Constantinople, il en fut proclamé empereur. Quelques temps après, ayant mis le siège devant	PAPES. Clément III. 1198. ROIS DE FRANCE. *Idem.*	Averroës. 1206. Eudes de Sully, 1208. Jean Gersen. Guillaume de Tyr. 1180.

NOTICE HISTORIQUE.	HOMMES CÉLÈBRES.	PRINCES CONTEMPORAINS.
Andrinople, il fut vaincu par le roi des Bulgares, qui le fit précipiter, tout mutilé, dans un puits, où ce monarque infortuné ne mourut qu'après trois jours d'un effroyable supplice. Il avoit épousé Marie de Champagne, petite-fille du roi de France Louis le Jeune, de laquelle il eut deux filles, et qui mourut en Grèce, comme elle alloit rejoindre l'empereur son mari. *Mort en* 1206. 19. JEANNE, dite *de Constantinople.* Le caractère de cette princesse, quoique très-marqué, est assez difficile à fixer. Ses qualités furent-elles des vertus, et ses grandes actions ne furent-elles pas faites pour expier de grands crimes? On ne se permettra pas de résoudre dans un précis, des questions qui exigeroient toute la maturité d'une ample discussion. On se contentera d'exposer les principaux faits qui rendirent son règne le plus remarquable de ceux des souverains flamands.	PAPES. Innocent III. 1216. Honoré III. 1227. Grégoire IX. 1241. ROIS DE FRANCE. Philippe-Auguste. 1223. Louis VIII, dit Cœur de Lion. 1226.	Pierre de Corbeil. 1222. S. Dominique. 1221. S. François d'Assise. 1226. Albéric. 1241. S. Antoine de Padoue. 1231.

Notice historique.	Princes contemporains.	Hommes célèbres.

Pupille de son oncle, le comte de Namur, qui l'avoit remise aux mains du roi de France Philippe-Auguste, elle se vit mariée, sans son aveu, ou plutôt contre son inclination, à Ferrand de Portugal. Celui-ci, ayant refusé la foi et hommage qu'il devoit à Philippe, comme à son suzerain, se vit assiégé, pris ignominieusement dans sa capitale, et traîné par son vainqueur dans une captivité qui dura presque toute sa vie.

Jeanne prit alors et tint d'une main ferme, les rênes du gouvernement.

Elle fonda à Lille l'hôpital S. Sauveur.

Commença l'établissement des Dominicains, achevé depuis par le chapitre de S. Pierre.

Institua les Cordeliers.

Etablit l'abbaye de Marquette, dont la création fut interrompue par l'imposture du faux Baudouin.

C'étoit un mandiant champenois, qui au moyen d'un peu de ressemblance, de quelque mémoire et de beaucoup d'audace, séduisit la

NOTICE HISTORIQUE.	PRINCES CONTEMPORAINS.	HOMMES CÉLÈBRES.

multitude, toujours occupée du souvenir de son dernier souverain, et se fit reconnoître pour lui.

Mais la vigueur que Jeanne apporta dans cette circonstance, et les secours qu'elle obtint de Philippe, déconcertèrent bientôt la fourberie. Le faux Baudouin fut pendu près de Loos, selon quelques historiens, ou dans Lille, ainsi que le rapportent d'autres.

Jeanne continua à joindre aux principes d'une administration sage et forte, cette marche d'exécution qui anime et vivifie tout.

Pour les pélerins et pour les malades qui revenoient de la Terre-sainte, attaqués d'infirmités épidémiques, elle fonda une léproserie, à peu de distance de la porte nommée, de cet établissement, *des Malades*.

Elle donna une nouvelle organisation à la magistrature, qui l'a conservée jusqu'à la révolution : de son propre palais, elle fit une maison de charité, qu'on appella de son nom *l'Hôpital-Comtesse*.

Notice historique.	Princes contemporains.	Hommes célèbres.
Elle céda au magistrat le droit de *Longuet*, ou l'impôt sur les marchandises navigables, lequel appartenoit au gouvernement. Son mari, mis en liberté par ses sollicitations, n'en jouit pas long-temps, et mourut à Noyon. Elle convola alors en secondes noces avec Thomas de Savoie. Mais dégoûtée d'un monde, où, malgré le rang qu'elle y occupoit et le bien qu'elle y avoit répandu, elle trouvoit un vide insupportable; elle se retira à Marquette, où, du consentement de son époux, elle prit le voile, et mourut entre les bras de ses enfans et dans de grands sentimens de piété. *Morte en 1244.*		
20. MARGUERITE. Sœur de Jeanne, elle lui succéda dans le gouvernement de la Flandre. Elle avoit eu de Bouchart, comte d'Avenne, son tuteur, deux enfans qui lui firent la guerre. Pour se délivrer de leurs	PAPES. Célestin IV. 1241. Innocent IV. 1254.	Pierre de Fontaines, le plus ancien des jurisconsultes français. 1270. Gengis-Kan. 1227. Pierre des Vignes. 1249.

ET MODERNE.   107

NOTICE HISTORIQUE.	PRINCES CONTEMPORAINS.	HOMMES CÉLÈBRES.
persécutions, elle céda Valenciennes à Charles d'Anjou, frère de S. Louis, sous la condition qu'il la protégeroit contre eux. De Guillaume de Bourbon, sire d'Ampierre, elle eut deux enfans. Elle fonda, en 1247, l'hôpital de Seclin. Elle institua des Béguines, l'Abbiette, ou petite abb. de Lille; et transféra d'Orchies à Flines, le monastère des Bernardines. *Enterrée à Flines.*		
21. GUILLAUME. L'événement le plus remarquable de son règne, est sa captivité. Il partagea celle que subit le saint roi Louis IX, dans la Palestine, et paya pour sa rançon plus de 800 écus. Son épouse Béatrice de Brabant, dont il n'eut pas d'enfans, fonda le monastère de Groningue. Mort en 1251.	PAPES. *Idem.* ROIS DE FRANCE. *Idem.*	
22. GUY D'AMPIERRE. Succéda à son frère Guillaume, mort sans enfans.	PAPES. Alexandre IV. 1261.	Robert de Sorbonne. 1271. Vincent de Beauvais. 1264.

NOTICE HISTORIQUE.	PRINCES CONTEMPORAINS.	HOMMES CÉLÈBRES.
Il en eut onze de Michèle de Béthune, et sept d'Isabelle de Luxembourg, comtesse de Namur. Une de ses filles ayant été enlevée par Philippe-le-Bel, il refusa foi et hommage à ce monarque, auquel il fit la guerre. Lille assiégée fut défendue pendant près de trois mois par Robert, fils de Guy, que le peuple désespéré contraignit de se rendre. Le comte arrêté, comme ôtage, fut mis en prison à Compiegne, où il mourut, âgé de 80 ans, après en avoir régné 54. *Mort en 1304, enterré à Flines.* **23. ROBERT.** Devenu, par la mort de son père, souverain de la Flandre, il fit la paix avec le roi de France, moyennant la cession de Lille et de sa châtellenie. Ce monarque y établit le tribunal de la Gouvernance, pour rendre la justice en son nom. Robert épousa Catherine	Urbain IV. 1264. Clément IV. 1268. Grégoire X. 1276. Innocent V. 1276. Adrien V. 1276. Jean XXI. 1277. Nicolas III. 1280. Martin IV. 1285. Honoré IV. 1289. Nicolas IV. 1292. Célestin V. 1294. Boniface VIII. 1303. Benoît X ou XI. 1304. ROIS DE FRANCE. Louis IX, dit *Saint*. 1270. Philippe-le-Hardi. 1285.	Albert-le-Grand. 1280. S. Bonaventure. 1274. Roger Bacon. 1284. S. Thomas d'Acquin. 1274. Jean Cholet. 1293. Guillaume de Naugis. 1301. *Giélée* (de Lille.)

NOTICE HISTORIQUE.	PRINCES CONTEMPORAINS.	HOMMES CÉLÈBRES.
d'Anjou, dont il n'eut qu'un enfant. Yolande de Bourgogne, sa seconde femme, l'ayant empoisonné, on dit qu'il la massacra lui-même. *Mort à Ypres, il est enterré à S. Martin.* 24. LOUIS, dit *de Crécy*. Surnom qu'il porta, dans l'histoire, pour avoir été tué à la bataille de Crécy. Il étoit fils de Louis, comte de Nevers, fils lui-même de Robert de Flandre, auquel il succéda. Robert de Cassel, son oncle, ayant voulu s'emparer de ses états, et étant secondé dans ses projets par les Flamands même, Louis les défit, avec l'aide du roi de France Philippe de Valois. *Mort en 1346.* 25. LOUIS *de Mâle*. Le premier de tous les souverains de Flandre, il fit battre des monnoies d'or. Il défit ses sujets, les Gantois rebelles, et traita de la paix avec eux, au Pont-à-Vendin.		
	PAPES. Clément V. 1314. (Vacance du S. siége.) Jean XXII. 1334.	Raimond Lulle. 1315. Gilles Colonne. 1316. Dante. 1321. Jekan, sire de Joinville. 1318.

Notice historique.	Princes contemporains.	Hommes célèbres.
Sa fille avoit épousé le roi de France Philippe-le-Hardi. *Enterré à S. Pierre de Lille.*	Rois de France.	Hervé Noël. 1323. Alvare Pélage. 1340.
26. MARGUERITE II. C'étoit Marguerite qui avoit épousé en premières noces Philippe, duc de Bourgogne. Le roi son époux institua à Lille une chambre des comptes. *Morte en 1404, enterrée à Lille.*	Philippe-le-Bel. 1314. Louis X, dit le Hutin. 1316. Philippe V, dit le Long. 1322. Charles IV, dit le Bel. 1328. Philippe VI, dit de Valois. 1350. Jean. 1364. Charles V. 1380.	Gérard Odon. 1349. Barthole. 1355. Buridan. 1355. Hugues Aubriot. 1381. Jean Bocace. 1375. Ste. Brigitte. 1373. Ste. Catherine de Senne. 1380. Maître Gervais. Franç. Petrarque. Vargas. 1366.
27. JEAN, dit *l'Intrépide*. Renfermoit dans un foible corps un courage héroïque. Il assembla les états généraux de sa souveraineté, pour leur demander des subsides. Il força le peuple de Liège à se soumettre à son évêque, contre lequel il s'étoit révolté. Il fut tué sur le pont de Montereau, en présence du dauphin, par ceux du parti du duc d'Orléans, qu'on l'accusoit d'avoir assassiné. Il avoit épousé Marguerite de Bavière, de qui il eut trois filles et un garçon.		

ET MODERNE.   III

NOTICE HISTORIQUE.	PRINCES CONTEMPORAINS.	HOMMES CÉLÈBRES.
28. PHILIPPE, dit *le Bon*. Porte la guerre chez les Français pour venger l'assassinat de son père. Châtie les Gantois rebelles. Corrige les abus introduits dans ses états. Bâtit le palais qui sert aujourd'hui d'hôtel-de-ville. Institue l'ordre de la toison d'or, et meurt âgé de 72 ans, en 1467. 29. CHARLES, dit *le Hardi*. Mérita ce surnom par sa vaillance qui s'exaltoit jusqu'à la témérité. Il fait le siège de Paris, du vivant même de son père. Attaque et bat Louis XI sous le château de Montlhéry. Châtie les Liégeois. Perd trois batailles et est tué devant Nancy. 30. MARIE. Héritière des états de Charles, son père, elle les apporte en dot à Maximilien, fils de l'empereur Frédéric III, et les fait ainsi	PAPES. Benoît XI ou XII. 1342. Clément VI. 1352. Innocent VI. 1362. Urbain V. 1370. Grégoire XI. 1370. Urbain VI. 1389. Benoît IX. 1404. Innocent VII. 1406. Grégoire XII. 1409. Alexandre V. 1410. Jean XXIII. 1415. Martin V. 1431. ROIS DE FRANCE. Charles VI. 1422. Charles VII. 1461. Louis XI. 1483. Charles VIII. 1498.	Nicolas Flamel. 1409. Froissart. 1400. Jean Huss. 1415. Jérôme de Prague. 1411. S. Vincent Ferrier. 1419. Jean Wiclef. 1384. Arétin. 1444. Alain Chartier. 1458. Enéas Sylvius. 1464. *Alain* (de Lille.) Bessarion. 1473. Monstrelet. 1468. Jean Fauste. 1467. Guttemberg. 1466. Mantouan. 1472. Schoëffer. Th. A-Kempis. (auteur de l'*Imitation de Jesus-Christ*.) Willon. 1465. Juvenel des Ursins. 1473.

NOTICE HISTORIQUE.	PRINCES CONTEMPORAINS.	HOMMES CÉLÈBRES.
passer à la maison d'Autriche. Elie meurt âgée de 25 ans. 31. PHILIPPE, dit *le Bel*. Ainsi surnommé de son agréable figure. Règne à 15 ans. Epouse Jeanne d'Espagne à qui il apporte ses états, qui passent dans la maison d'Autriche, en faveur de la branche de Castille et d'Arragon. Mort en 1506. 32. CHARLES V, ou CHARLES - QUINT. Succède à son père en 1507. Ayant fait prisonnier le roi de France François Ier., il le contraignit à renoncer à l'hommage que devoit à sa couronne les comtes de Flandre. Il confirma la coutume de Lille. Y établit la bourse commune des pauvres. Des troubles s'étant élevés dans cette ville, au sujet	 PAPES. Eugène IV. 1447. Nicolas V. 1455. Calixte III. 1458. Pie II. 1464. Paul II. 1471. Sixte IV. 1484. Alexandre VI. 1503. Pie VI. 1503. Jules II. 1513. Léon X. 1521. Adrien VI. 1523. Clément VII. 1534. Paul III. 1549. Jules III. 1555.	 N. B. Parvenu au siècle, où la restauration des lettres multiplie les hommes célèbres, nous omettrons ceux qui se distinguèrent en France, leur nombre étant trop considérable, et l'éclat dont ils brillent dans la république des lettres pouvant éclipser celui des NOTICE

ET MODERNE.

NOTICE HISTORIQUE.	PRINCES CONTEMPORAINS.	HOMMES CÉLÈBRES.
de la différence des opinions religieuses, il céda, avec beaucoup d'adresse, à la nécessité des circonstances; et sans troubles, comme sans efforts, il obtint, avec la tranquillité publique, la conservation de ses droits. Dans l'article consacré aux siéges soutenus par Lille, nous verrons que cette ville ayant à se défendre contre les différens partis, leva seize compagnies de deux cens hommes chaque, et fit démolir le château de Courtray. *Mort en 1558.* 33. PHILIPPE II, roi d'Espagne. *Mort en 1598.* 34. ALBERT et CLAIRE - EUGÉNIE. 35. LOUIS XIV, roi de France. Ce monarque, ayant épousé l'Infante Marie-Thérèse, l'aînée des filles de Philippe IV, roi d'Espagne, il fit va-	Marcel III. 1555. Paul IV. 1559. Pie IV. 1565. Pie V. 1572. Grégoire XIII. 1585. Sixte V. 1590. Urbain VII. 1590. Grégoire XIV. 1591. Innocent IX. 1591. Clément VIII. 1605. Léon XI. 1605. Paul V. 1621. Grégoire XV. 1623. Urbain VIII. 1644. Innocent X. 1655. Alexandre VII. 1667. Clément IX. 1669. Clément X. 1676. Innocent XI. 1689. Alexandre VIII. 1691. Innocent XII. 1700. ROIS DE FRANCE. Louis XII 1515. François Ier. 1547. Henri II 1559. François II. 1560. Charles IX 1574. Henri III. 1589. Henri IV. 1610. Louis XIII. 1643.	auteurs Lillois auxquels nous nous bornons: Avila. 1591. Baudier. 1561. Bridoul. 1595. Choquet. 1580. Cuvillon. 1520. Hancton. 1506. Hangouart. 1522. Hautin. 1599. Jardin. 1585. Lobel. Miclot. 15... Molan. 1585. Monnier. 1552. Mortier. 1520. Nockart. 1514. Oudeghers. 15... Petit-Pas. 1560. Roy. 1592. Roy. 1653. Sylvius. 15... Vincent. 1593. Walle. 15... Le Bouck. 1644. Farvaqués. 1622. Feutry. 1730. Ghéwiet. 1736. (Voyez la *notice historique sur les hommes célèbres de Lille.*)

K

Notice historique.	Princes contemporains.	Hommes célèbres.
loir les droits que ce mariage lui donnoit sur la Flandre. En 1667, il attaque Lille, qui capitule au bout de neuf jours Traité d'Aix-la-Chapelle, qui confirme la domination française sur la Flandre. Agrandissement de la ville de Lille, exécuté par suite du traité conclu entre S. M. et le magistrat. 1702. Guerre pour la succession d'Espagne. Les alliés, commandés par le prince Eugène, viennent mettre le siége devant Lille. La ville, défendue par le maréchal de Boufflers, est obligée de capituler. Les alliés la gardent jusqu'en 1713, qu'ils la remettent au roi avec d'autres villes. Depuis ce temps elle a été gouvernée par la France. *Mort en 1715.* 36. LOUIS XV. 37. LOUIS XVI. RÉPUBLIQUE.		

NOTE.

Malgré la rude expérience que la philosophie de l'école voltairienne nous a fait subir, vous trouverez encore de bonnes gens, qui, sans avoir été complices de ses excès, n'osent pas s'avouer les dupes de ses prestiges. Par exemple, à la lecture du nom de Robert, et sur-tout de son surnom, qui rappelle une époque et des institutions anathématisées par les docteurs du 18e. siècle, on froncera le sourcil, et l'on craindra d'accorder des vertus à un prince qui partagea une longue extravagance et des assassinats ; car c'est de ces honnêtes appellations, que les philosophes, aussi véridiques dans l'histoire, qu'infaillibles en politique, ont tenté de flétrir *la Chevalerie et les Croisades*. Deux lignes sur cette institution et sur ces expéditions, afin de réduire les sophistes, non au silence, ce qu'on a reconnu impossible, mais à supposer des absurdités, ce qui, chez ces messieurs, n'est pas rare.

1°. *Les Croisades* furent adoptées par plusieurs motifs politiques, que les hommes d'état à courte vue n'ont pas pu, ou n'ont pas voulu voir. Premièrement, l'autorité royale ébranlée par la puissance des vassaux de la couronne, ne pouvoit se rasseoir et se raffermir, que par leur éloignement. En second lieu, il devoit en résulter, comme en effet il en résulta, le soulagement des peuples ; d'abord par la diminution de la population qui étoit exubérante ; ensuite par la cession que beaucoup de seigneurs firent de leurs fiefs à leurs vassaux, ce qui amena une mutation de propriétés et l'érection d'une nouvelle noblesse. Enfin, par l'abolition de l'esclavage et le rachat des droits de *Poëte*, de *Vassalité*, de *Main-morte* et de *Servitude*. Troisièmement, on chercha à établir, par cette secousse inopinée, des relations diplomatiques, commerciales, maritimes et d'amitié de peuple à peuple, de particulier à particulier. En quatrième considération, et celle-ci est très-importante ; il falloit prévenir la nouvelle irruption que les Levantins préparoient contre la France et contre l'Europe chrétienne. On feint d'oublier qu'en 732, les Sarrazins alliés avec les Maures, s'étoient débordés en France, par l'Espagne, que leur avoit livrée la perfidie du comte Julien ; qu'ils y avoient porté leurs ravages jusqu'à Poitiers, où grâces à l'indomptable valeur de Charles Martel, ils avoient trouvé, dans une défaite complette, le terme de leur audace. Que l'on soit bien convaincu, que sans la célèbre journée de Poitiers, non seulement la France, mais l'Europe eut, sous le glaive de Mahomet, arboré son croissant. Qu'on se persuade aussi, que sans l'expédition des croisades, les disciples du koran sortoient de leur repaire, et qu'ils inondoient de nouveau les royaumes de la croix. Ne l'ont-ils pas tenté depuis, et tout récemment encore, lorsqu'ils ont montré, jusque sous les murs de Vienne et de Prague, les queues de leurs pachas ? Nous ne parlons pas ici du mobile religieux qu'on employa pour soulever et pour verser l'Europe sur l'Asie : la profonde sagesse des métaphysiciens de ces derniers temps, ne nous pardonneroit pas de vanter un moyen que leur raison n'a pas imaginé et que ne conseillèrent pas leurs déclamations. Il nous semble cependant que *deux millions* de citoyens de tout âge, de tout sexe, de tout état, de toute nation, remués à la voix d'un moine (S. Bernard) et d'un vieil hermite (Pierre), présentent un spectacle aussi imposant que singulier. Il y a eu des abus, dit-on. D'accord ; nous admettons même qu'il y ait eu des crimes ; ils étoient inévitables dans une masse aussi volumineuse, et dont les élémens, quoique tendans au même résultat, se trouvoient souvent dans des positions propres à faire fermenter les passions. Mais encore une fois, et pour la millionième, l'abus prouva-t-il jamais contre la chose ? Que diroient les philosophes, si l'on prétendoit que Robespierre n'a fait qu'exécuter le testament politique des Raynal, des Helvétius, des Diderot ? On sait assez que les assassinats du tyran sembloient être les corrollaires du système des sophistes.

Quant au nombre de *deux millions* de victimes, dont ils ont attribué la mort aux expéditions *fanatiques* d'outre-mer; en attendant qu'ils le prouvent, non par une arithmétique de conjectures et de probabilités, mais par des *faits*; il n'y a que cette réponse à leur faire : on a marché sous la bannière de Jesus que vous détestez, parce qu'il vous condamne ; donc, l'entreprise n'étoit ni juste ni nécessaire ! (La réflexion suivante est de M. de Châteaubriand, dans le deuxième vol. de son bel ouvrage du *Génie du Christianisme*.) *Tout étoit bon, Theutatès, Odin, Allah, pourvu qu'on n'eût pas Jesus-Christ!*... Prouvez que l'arbre de son supplice a été arrosé du sang de *deux millions* d'hommes, comme vous l'avez si souvent avancé. Prouvez, ou vous êtes des imposteurs ! *Mentiris impudentissime !*

2°. Pour ce qui est de *la Chevalerie*, quel éloge oserions-nous faire qui n'affoiblit pas, du moins, pour le cas actuel, le mérite de cette institution sublime, dont le but étoit si noble, et dont les ressorts, prolongeant jusqu'à nos jours, leur puissance et leurs mouvemens, ont contribué à conserver dans nos cœurs dégradés, une étincelle de patriotisme et d'honneur ? L'Europe, l'univers même alloit s'enfonçant dans la barbarie, quand la chevalerie se montra avec son simulacre antique de *prouesses* et de *loyauté*. La barbarie rebroussa vers les régions qu'éclaire de ses fausses lueurs le croissant d'un imposteur. Plus aimable que Thésée et presqu'aussi fort qu'Hercule, le chevalier juroit *par Dieu, sa Dame et son Roi ;* et après avoir repoussé les *Félons* et délivré *le castel*, il descendoit de son *palefroi*, entroit, par le *perron* où étoit *appendu son écu*, se *seyoit* dans le vaste salon gothique, tout tapissé de lances, d'armoiries et de drapeaux. Sa *gente* dame, agenouillée, soulevoit sa jambe, dont elle délassoit le brodequin, tandis qu'une pucelle *présentoit à laver*, en rougissant. On *tranchoit le paon*, on *mangeoit le faisan*, et l'on se livroit, avec sobriété, aux attraits d'une table honorée par la bravoure, embellie par les dames. L'injustice avoit peu d'empire dans ces siècles, qu'on a appellés barbares, parce qu'on y étoit naturel. A mesure que la France s'abyma dans la corruption, elle perdit les goûts chevaleresques. Les Amadis, les Roland, les Duguéclin dormoient dans leurs poudreux lauriers ; Orléans, Marat et Danton rugirent. --- Aussitôt que la France a respiré, protégée par un glaive qui ne menace que les méchans, elle s'est ressouvenu de ses chevaliers : d'une noble forêt de palmes, on a vu sortir *la Légion d'Honneur*.

CHAPITRE IV.

SIÉGES DE LILLE.

De temps immémorial, la Flandre fut le théâtre des guerres qui agitèrent le nord des Gaules et les bords de la Germanie. Lille, par sa position, devoit devenir et devint en effet, le point de contact des diverses puissances belligérantes. Elle appartint quelquefois à elle-même, puis à la France, qui fut contrainte de la céder à l'Autriche; ensuite à l'Autriche, qui la rendit à la France. Nous allons parcourir sommairement les principaux siéges qu'elle essuya; et nous terminerons cet article par la description de la dernière attaque que tentèrent sur elle les autrichiens, dans la guerre de la révolution.

Premier siége, en 1128.

Louis-le-Gros, voulant venger le parricide commis sur la personne de Charles

Charles-le-Bon, comte de Flandre, qui fut assassiné à Bruges dans l'église de St. Donat, où il entendoit la messe; ce monarque adjugea cette souveraineté, vacante par défaut d'enfans, à Guillaume de Normandie. Pour appuyer ses prétentions, il porta la guerre dans la Flandre, et vint mettre le siége devant Lille. Mais cette ville défendue par Thiéry d'Alsace, que la nation opposoit à l'usurpateur, repoussa vivement les agressions hostiles, et lassa la constance du roi, qui abandonna son protégé et se retira.

Second siége, en 1213.

Une querelle s'étoit élevée entre le roi d'Angleterre, Jean, et le pape Clément III, au sujet de l'élection d'un archevêque de Cantorbery. Le souverain pontife, qui avoit commencé par mettre le royaume en interdit, finit par prononcer l'excommunication contre le monarque rebelle, et donna son royaume à Philippe-Auguste. Ce fut en vain que Jean, ayant témoigné son repentir, étoit rentré dans la possession de ses droits; le roi de France n'étoit nullement d'humeur à abandonner ceux qu'il tenoit de la libéralité inconsidérée du pape. En conséquence, une flotte nombreuse étoit sortie de la Seine, pour oppérer une descente dans la Grande-Bretagne. Mais avant que de la réaliser, Philippe voulut, en passant, châtier son vassal, le comte de Flandre, qui, à l'attentat de ne lui avoir pas prêté foi et hommage, avoit joint l'imprudence de blâmer l'expédition entreprise par l'ambitieux monarque. Le souverain de Lille étoit alors Ferrand de Portugal, premier époux de la comtesse Jeanne. Le roi de France vint faire le siége de sa capitale, la prit, y fit bâtir le fort des *Renneaux*, qui paroît avoir été démoli par les Espagnols en 1617. Mais Philippe s'étant éloigné, les habitans, excités par leur comte, se révoltèrent et chassèrent les troupes qu'il y avoit laissées. Ce qui irrita tellement le vainqueur, qu'étant revenu sur ses pas, il s'empara une seconde fois de la ville, la livra à la rapacité du soldat, qui y mit le feu et la détruisit entièrement. Ferrand, comme nous l'avons dit dans la chronologie, fut traîné captif à Paris, et enfermé, durant presque toute sa vie, dans le donjon de Vincennes. C'est à ce désastre que Lille dût son premier agrandissement. Elle fut rebâtie et augmentée de la paroisse St. Sauveur. Elle eût alors six portes, celles de Courtray, des Renneaux, du Molinel, de Weppe, de St. Pierre et des Malades. C'est encore à l'occasion de cet agrandissement, que fut reconstruit le Pont-de-Phin.

Troisième siége, en 1296.

Philippe-le-Bel, roi de France, étant venu attaquer Lille, défendue par une nombreuse garnison, il en forma le siége dans toutes les règles, et après une longue résistance, les habitans capitulèrent. Le comte Guy d'Ampierre, que son fils avoit vaillamment défendu contre le frère du monarque, Charles de Valois, fut obligé de se rendre à Philippe, qui, contre le droit des gens, le retint prisonnier. La Flandre fut réunie à la couronne en 1299. Quelques années après, Jacques de Chatillon, que le roi y avoit laissé pour gouverneur, fit bâtir le château de Courtray. L'agrandissement opéré en 1617 l'a enclavé dans la ville. Il occupoit les rues de la Madeleine, des Tours, des Célestines : on voyoit naguères encore les traces de ses fossés.

Les Flamands, jaloux de leur liberté, ayant repris les armes en 1302, les Français perdirent le 11 Juillet la bataille de Courtray, et les villes de Lille, Gand et Cassel retournèrent aux comtes de Flandre; mais ayant été battus à leur tour, à Mons-en-Pevèle, le 18 Août 1304, Philippe-le-Bel vint de nouveau assiéger la ville de Lille, qu'il prit le 1er. Octobre. Cette bataille fut suivie d'une paix conclue à Lille dans la même année, par laquelle la ville et sa châtellenie restèrent au roi de France.

Quatrième siége, en 1667.

Philippe IV, roi d'Espagne, étant mort en 1665, laissa ses états à son fils Charles II, qu'il avoit eu de sa troisième femme. Louis XIV fit alors valoir ses droits sur les Pays-Bas, qui par la dévolution usitée en Brabant, lui tomboient en partage, par son mariage avec Marie - Thérèse d'Autriche, l'aînée des filles de Philippe. Il employa d'abord les négociations, ensuite la force des armes. En conséquence, il marcha en 1667, à la tête d'une formidable armée. Le 10 Août, il investit la ville de Lille, qu'il attaqua du côté de la porte de Fives, dont les nouveaux ouvrages n'étoient pas encore terminés; et après neuf jours de tranchée ouverte, la ville capitula.

Cinquième siége, en 1708.

En 1702, la guerre pour la succession d'Espagne étant déclarée, les princes alliés commencèrent à entrer en campagne; ce ne fut cependant qu'en 1706, que la Flandre devint le théâtre des hostilités. Les alliés ayant eu différens succès, ils résolurent le siége de Lille. Le 12 Août 1708, le prince Eugène vint en faire l'investissement : la nuit du 22 au 23, il ouvrit la tranchée, ayant choisi pour front d'attaque celui des tenaillons à droite de la Basse-Deûle. La ville étoit défendue par le duc de Boufflers, qui, le 22 Octobre, fut obligé de capituler. Il se retira dans la citadelle, où il tint encore jusqu'au 8 Décembre, qu'il la rendit par capitulation.

Lille resta au pouvoir des alliés jusqu'au traité de paix de 1713, entre la France et les puissances fédérées ; traité par lequel les Hollandais promirent de remettre à la France Lille et sa châtellenie. Ce qui fut exécuté. Depuis ce temps, cette ville a toujours été sous la domination de la France. Louis XV y fit son entrée solemnelle en 1744.

Sixième attaque, en 1792.

Depuis plus de trois ans l'esprit d'insurrection dans le parti révolutionnaire et le sentiment du mécontentement dans celui qui lui étoit opposé, avoient fomenté dans l'intérieur de la France, comme dans tous les états de l'Europe, une animosité qui d'abord travailla sourdement. Elle avoit éclaté depuis cinq mois par la déclaration de guerre que l'empereur avoit portée contre la France. Le prétexte des souverains, au nom duquel parloit le chef de l'empire germanique, étoit louable et même héroïque; il s'agissoit, disoit-il, de rendre au roi de France son autorité, morcelée chaque jour par l'ambitieuse anarchie; il s'agissoit d'arrêter, d'éteindre dans ses progrès l'incendie dont le système nouveau alloit embraser l'Europe; il s'agissoit enfin de replacer sur la double base d'une politique saine et d'une solide diplomatie, la grande société européenne. Rien certes, nous le répétons, n'étoit plus magnanime que ces vues; aussi, trouvèrent-elles des suffrages dans le cœur de presque tous les gens de bien. La suite, cependant, a fait voir qu'ils étoient abusés. En effet, sous ces beaux semblans d'ordre et d'intérêt social, on a trouvé des motifs de vengeance, de conquête et d'ambition. Le traité de Pilnitz, et plus encore la conduite des alliés dans la prise de quelques frontières, déposeront éternellement contre la sincérité de leur foi. Je n'écris de l'histoire générale de la guerre qu'un petit épisode; et ce n'est point l'occasion de remonter à des causes éloignées. Il me suffira de peindre ici l'échantillon d'un effet rapproché. D'une part, on admirera une audace sans mesure, de l'autre, un courage et une fidélité sans réserve. Nous allons mettre les Lillois en présence du prince Albert de Saxe.

La garnison de Lille étant considérablement diminuée par le rassemblement de forces qu'il falloit opposer à l'ennemi au camp de Maulde, après la levée du camp de Famars, et la marche de la plus grande partie des troupes vers l'armée du centre ; celle des Français n'occupoit que par de foibles détachemens les postes de Lannoy et de Roubaix, à trois lieues en avant de Lille. L'ennemi s'en empara et y développa des forces supérieures, contre lesquelles on ne put rien tenter, sur-tout lorsque la levée du camp de Maulde, nécessitée par l'invasion de l'armée prussienne en Lorraine, eut mis la frontière à découvert. L'ennemi s'empara de Saint-Amand; Orchies fut bientôt en son pouvoir, et ses troupes légères interrompirent toutes les communications.

Le maréchal de camp Ruault commandoit la place. Deux sorties qu'il avoit confiées au lieutenant-colonel Clarenthal avoient eu un tel succès, que l'ennemi avoit été repoussé au-delà de Flers et d'Annapes.

Cependant, ses forces augmentoient si visiblement tous les jours, que les places de première ligne incessamment menacées, calculoient plutôt les moyens de se défendre, qu'elles ne se livroient à la hardiesse d'attaquer.

Divers camps placés par les Autrichiens assez près de la place, interceptèrent toutes ses communications, hormis celles avec Béthune et Dunkerque, par le canal de la Haute-Deûle, sauf la partie intermédiaire entre Lille et Haubourdin. Ce poste fut soigneusement occupé, ainsi que l'abbaye de Loos. Armentières fut renforcé pour défendre cette partie du cours de la Lys et couvrir les dépôts de subsistances. La Basse-Deûle fut soutenue d'environ 900 hommes et par quatre pièces de canon, au poste de Wambrechies et de Quesnoy.

Les dispositions de l'ennemi correspondoient à celles des Français. Il avoit assis son camp principal vers Ennetières et Lesquin, entre Lille et Pont-à-Marcq. Deux autres étoient formés entre Lezennes et Annappes, et en diverses parties, entre Flers et Mons-en-Barœul.

Les assaillis gardoient la tête du faubourg de Fives, et faisoient, dans cette partie, des abatis pour éclairer les mouvemens des assaillans et diriger les feux de la place.

Le 24 Septembre, l'ennemi ayant poussé quelques chasseurs vers les Belges qui gardoient cet avant-poste, le général Duhoux jugea convenable de faire une sortie, qui éloigna les téméraires avec perte.

Cependant, à la suite de cette sortie, ils revinrent à la charge, et ayant forcé la grand'garde à se replier sur la lunette de Fives et dans les chemins couverts, ils s'emparèrent du faubourg. Une seconde sortie et une attaque furent résolues.

La première eut lieu dès le lendemain matin. Mais à peine fut-on parvenu aux premières maisons du faubourg, que l'ennemi qui l'occupoit dans tous les points, fit un feu très-vif sur notre avant-garde. Ayant riposté avec infiniment de sang-froid, elle parvint à le repousser jusqu'à la tête du faubourg. Mais alors le feu caché des fermes nous faisoit beaucoup souffrir; et le général Duhoux, commandant cette affaire, ordonna la retraite, qui fut opérée en bon ordre et protégée par les sages dispositions de la place. Cette petite expédition coûta aux Français quinze combattans, dont deux tués. L'un étoit Philippe Chabot, capitaine au 15e. régiment.

Lille fut alors déclarée en état de siége. L'artillerie se déploya sur le front menacé; on évacua les magasins à poudre de la vieille porte de Fives, et de la noble-tour; tout fus disposé pour une grande innondation, et l'on abrita par de nouveaux blindages, les magasins de l'esplanade et l'intérieur de la citadelle.

L'ennemi avoit ouvert la tranchée dans la nuit suivante. Il fut reconnu que le développement de sa première parallèle étoit à environ trois cent cinquante toises du saillant des ouvrages extérieurs de la noble-tour.

Une nouvelle sortie fut ordonnée, et ce fut encore le général Duhoux qui la commanda. Le feu de la place avoit foudroyé le travail de l'ennemi ; nous achevâmes de l'en déloger, sans une grande perte de notre côté, et en lui en faisant éprouver une considérable.

Le 27, le 28 et le 29, l'ennemi, bien que tourmenté par le feu continuel de la place, travailla avec une activité soutenue à l'établissement de ses batteries. On sut qu'il y perdit beaucoup de monde.

Le 29, à onze heures, on annonça au conseil de guerre qu'un officier supérieur Autrichien, accompagné d'un trompette, se présentoit à la porte St. Maurice. Il fut introduit, après qu'il eût traversé la ville en voiture et les yeux bandés. Alors il remit au général Ruault, devenu commandant en chef par l'absence du général Duhoux, une dépêche de S. A. le capitaine-général Albert de Saxe. Elle sommoit la ville et la citadelle de se rendre à l'empereur et roi. Il y en avoit une pour la municipalité.

Le peuple, instruit des motifs qui avoient amené l'envoyé dans ses murs, le reconduisit aux cris bruyans et répétés de *vive la liberté! vive la nation!*

Ce fut dans ce moment que la municipalité et le général-commandant, pénétrés de la grandeur de leurs devoirs, écrivirent ces lettres, que l'histoire doit recueillir. Voici celle du maréchal de camp Ruault :

» Monsieur le commandant-géné-
» ral, la garnison que j'ai l'honneur
» de commander et moi, sommes
» résolus de nous ensevelir sous les
» ruines de cette place, plutôt que
» de la rendre à nos ennemis. Et les
» citoyens fidèles comme nous à leur
» serment de *vivre libre ou de mou-*
» *rir* (1) partagent nos sentimens et

_____

(1) Ces expressions, toutes superbes qu'elles sont, sient bien dans la bouche d'un soldat, qui, les armes à la main,

» nous seconderont de tous leurs
» efforts. »

» Lille, le 29 Septembre 1792,
» l'an 1er. de la république fran-
» çaise. »

La Municipalité de Lille à Albert de Saxe.

» Nous venons de renouveller no-
» tre serment d'être fidèles à la na-
» tion, de maintenir la liberté et
» l'égalité, ou de mourir à notre
» poste. Nous ne sommes pas des
» parjures. »

» Signés: *André*, maire, et *Rohart*,
» secrétaire-greffier. »

---

défend son pays. Mais qu'il y a loin de ce brave guerrier, parlant du fond du cœur, et pour ainsi dire, sur la brêche ; qu'il y a loin de lui au franc-maçon conspirateur et à l'orateur anarchiste, qui, dans un souterrain ou à la tribune, vocifèrent le même serment ! Rappellons-nous qu'il fût, dans leur organe, le signal des plus grandes calamités.

Ces sentimens et ce laconisme, soutenus par un grand courage et justifiés par le succès, sont dignes des plus grands éloges.

Mais à peine l'envoyé eut-il at-atteint les postes de l'armée ennemie, que son artillerie, par la détonnation subite de douze mortiers et vingt-quatre pièces de gros canons tirant à boulets rouges, jeta l'alarme dans divers quartiers de la ville. Notre artillerie opposa vainement à cette formidable attaque, toute l'énergie dont elle étoit capable; l'église de St. Etienne et les maisons voisines furent bientôt la proie des flammes, que rendoit plus effrayantes l'obscurité de la nuit.

Le lendemain, non seulement le feu continua à St. Etienne, mais il fut lancé, avec encore plus d'intensité sur la tour de la paroisse St. Sauveur. L'ennemi, en criblant de boulets rouges et de bombes ce quartier peuplé d'ouvriers, avoit l'espérance de les exaspérer, et peut-être d'exciter parmi eux une sorte de rebellion

rebellion, qui forçât les autorités à se soumettre. Si cela étoit, il fut déçu dans son attente. Voici ce qu'on lit dans un rapport sur cette attaque mémorable. » La familiarité que le » citoyen et le soldat avoient pris, » dès les premiers momens du bom- » bardement, avec l'essaim de bou- » lets rouges lancés par l'ennemi, » les avoit rendu ingénieux sur les » moyens d'en parer le ravage. » Chaque rue avoit sur divers points » de son étendue des guetteurs, » qui, jour et nuit, observoient la » direction des boulets : ils les sui- » voient à la piste, au moment de » leur chute, voloient promptement » à leur découverte, et les écondui- » soient, après les avoir noyés à » outrance dans les vases que cha- » que maison tenoit pleins d'eau à » cet effet. »

Du 1er. Octobre au 8, le feu de l'ennemi dura presque continuellement, avec plus ou moins d'ardeur. Il causa même plusieurs incendies partiels, qui donnèrent à la police l'occasion de manifester beaucoup de prudence et d'activité. Un grand nombre d'habitations, principalement dans le quartier de St. Sauveur, tombèrent écrasées sous l'effort des bombes et des boulets. La flèche de cette église, morceau d'architecture en pierres d'Avesnes, remarquable par son élévation, s'écroula, aussi bien que celle de St. Etienne. Malgré tant de désastres, on ne parla pas de se rendre; l'on peut dire même, que, le premier mouvement de terreur exhalé, les Lillois montrèrent durant toute cette période désastreuse, cette sérénité compagne du vrai courage.

Enfin, dès le 6, les batteries autrichiennes considérablement diminuées, n'avoient plus tiré avec tant d'opiniâtreté. Elles se rallentirent plus sensiblement encore le lendemain. Le 8, l'ennemi débusqué, fit sa retraite sur Tournay, et nous allâmes raser ses retranchemens. On croit avoir évalué au plus bas, en portant sa perte dans cette expédition, d'une atrocité inutile, à deux mille hommes. Celle des Français fut incomparablement moins grande; mais plus de quatre cent cinquante maisons ou édifices publics réduits en cendres, et sept à huit cens, criblées par les boulets, attestèrent long-temps la fureur des assiégeans et l'intrépidité des assiégés.

L'armée des premiers étoit forte de vingt-quatre à vingt-cinq mille hommes d'infanterie, et de six à sept mille hommes de cavalerie. La nôtre, composée d'abord de six mille fantassins et de six cens chevaux, s'étoit recrutée de près de huit mille hommes.

LIVRE SECOND.

CHAPITRE PREMIER.

TOPOGRAPHIE ET STATISTIQUE.

Lille étoit, avant la révolution, capitale du gouvernement général militaire de la Flandre française, et en particulier, de la Flandre walonne. C'est une ville riche, belle et bien peuplée, située à quinze lieues de la mer; à sept, au septentrion, de Douai; à cinq, au couchant, de Tournay; à trois de Warneton, d'Armentières et de Menin; à cinq, couchant d'hiver, de Courtray; et à la même distance, au septentrion, d'Orchies; à treize, au couchant d'hiver, de Gand; à quinze, au levant d'hiver, de Dunkerque; à la même distance, au couchant d'été, de Mons; et à cinquante-deux lieues, au septentrion, de Paris. Elle est placée au 20 degré, 44 minutes de longitude, et au 50 degré, 37 min. de latitude. Relativement à la châtellenie, dont elle étoit le chef-lieu, elle est assise, à peu près au milieu, sur un canal que l'on nomme *Haute-Deûle*, et qui communique à la Scarpe; il entre dans la ville au levant d'hiver. En en sortant, il prend le nom de *Basse-Deûle*, et va se perdre dans la Lys, après un cours de deux lieues audessous de Lille. Outre ce canal, qui porte bateau, il y en a plusieurs autres qui baignent les rues de la ville, et qui se réunissent tous au canal de la *Basse-Deûle*, avant sa sortie de la ville.

La route de Paris à Lille passe par Senlis, Compiegne, Roye, Péronne, et de-là par Bapaume et Arras; ou par Cambrai et Douai.

Cette ville peut avoir une forte lieue et demie de tour, et une demi-lieue dans sa plus grande longueur. Elle est regardée comme la onzième des principales villes de la République; et à ce titre, le sénatus-consulte organique du 7 Thermidor an 10, convoque son maire pour assister au serment du premier Consul.

La construction de Lille est très-admirée. Sa forme est plus ovale que ronde. On y entre par sept portes, sans compter trois portes d'eau. Ces portes, pour la plupart, enrichies de sculpture, se nomment: de la Barre, de Notre-Dame, des Malades, de Fives, de St. Maurice, de la Madeleine et de St. André. L'architecture de la porte des Malades présente un aspect très-imposant; c'est une des plus belles décorations possibles. Elle est d'ordre dorique, et terminée par un trophée, sur lequel est assis la victoire, qui couronne un buste de Louis XIV. Il est à souhaiter que ce buste, mutilé pendant la révolution, soit replacé et restauré. La reconnoissance l'exige. Après Baudouin et la comtesse Jeanne, nul souverain n'a plus favorisé Lille que Louis-le-Grand. La porte des Malades, élevée par le magistrat, en 1682, comme un arc triomphal en l'honneur d'un monarque grand homme, est due au génie de M. Volans. (*Voy. le frontispice.*)

L'enceinte de Lille est fort irrégulière. Les fortifications, que nous décrirons dans un article séparé, ont été réparées par le maréchal de Vauban, qui y a ajouté plusieurs bastions. La citadelle, dont nous nous occuperons particulièrement aussi, est une des plus belles qu'il y ait en Europe, et la première que M. de Vauban ait fait construire. Au midi de la ville est un fort, qu'on appelle de St. Sauveur.

Il est peu de villes aussi bien percées. On y compte vingt-sept places, cent soixante-dix rues, au moins, et vingt-quatre cours. Presque toutes les rues sont droites, fort larges, et dirigées de façon à recevoir tous les rayons du soleil, depuis le lever jusqu'au coucher; précaution nécessaire dans un climat nébuleux, où la mauvaise disposition des localités ajouteroit encore à celle de l'atmosphère. Le pavé est établi en forme de voûte, de manière à ne point laisser croupir les eaux, qui sont fort bourbeuses. Elles se dégagent dans des égouts souterrains, qui, quoique profonds, ne laissent pas d'exhaler, quand on les nétoie, des émanations infectes. Les rues, à la nuit, sont éclairées par des reverbères faits sur le modèle de ceux de Paris. Elles sont, pour la plupart, tirées au cordeau. Les plus belles sont celles de Fives, de St. Sauveur, du Molinel, des Jardins, des Malades et des Jésuites. La rue ci-devant royale, aujourd'hui nationale, est la plus remarquable par sa longueur, sa largeur, la régularité et la noblesse de ses édifices. Les rues qui la traversent laissent d'un côté découvrir l'esplanade et la citadelle, de l'autre le rempart.

La grande place, ou place d'armes, est un quarré long de 420 pieds, sur 220 de largeur. Les maisons qui l'entourent l'entourent sont, pour la plupart, d'une égale élévation : elles sont occupées par des marchands ou des cafés, ce qui unit le charme du mouvement aux beautés de la décoration. On remarque sur cette place le frontispice du corps-de-garde, qui, avec son perron antique, son fronton et son couronnement, a obtenu l'attention des amateurs. La bourse est un autre bâtiment, bâti en 1652, qui ajoute un nouveau lustre à la beauté de la place. C'est au tour des galeries intérieures de la bourse, que plusieurs marchands ont établi une sorte de foire permanente, à l'instar de celle dite *du Caire*, à Paris. C'est sur la place d'armes que, chaque dimanche, le général de la division, passe une revue générale des troupes qui la composent. C'est aussi là qu'est établi le grand marché du mercredi et du samedi. Celui où se vend le poisson est dans un emplacement à part, aussi bien que les marchés aux fleurs, aux chevaux, aux bestiaux, etc.

La place d'armes de la citadelle est spacieuse; les bâtimens qui l'entourrent sont disposés avec beaucoup d'ordre.

Ces deux places et celle qu'on appelle la petite, et qui tient à la grande, sont les seules remarquables. Il n'y a rien que de très-ordinaire dans celles dites de Rihours, marché aux poissons, marché aux poulets, place St. Martin, place au charbon.

Les maisons de la ville sont presque toutes régulières, d'un goût moderne, présentant, généralement de belles façades à deux étages, sans y comprendre la mansarde; ayant la plupart une ou deux caves peu profondes, dans lesquelles loge une quantité prodigieuse de peuple. C'est probablement à ces séjours humides et mal sains, qu'il faut attribuer le grand nombre de contrefaits et d'estropiés qui affligent l'œil dans cette ville. Ne seroit-il pas d'une bonne police de défendre ces habitations insalubres, comme de toute justice d'en assigner d'autres à ceux qui ne pourroient se procurer de nouveaux asiles ? Cette observation, qui demanderoit à être approfondie, tient essentiellement à l'intérêt de la population, aux soins de la santé, et, sous d'autres rapports non moins importans, à la conservation des mœurs.

On bâtit à Lille ou avec une sorte de pierre dure, qu'on tire du village de Lezennes, ou avec des briques. Les murs, quoique peu épais, sont solidement construits; mais en général la manière des architectes est un peu lourde. Ce défaut se fait singulièrement remarquer dans les édifices bâtis dans les proportions, et selon les ordres Grecs. Je citerai à l'appui de ma remarque la salle de la comédie et l'hôtel de l'intendance, maintenant de la seizième division.

Les parquets sont peu en usage à Lille, hormis dans quelques maisons, où l'on commence à adopter les usages français. De simples voliles jointes proprement les unes aux autres, composent les planchers; le plus souvent, les appartemens sont pavés de briques.

Parmi les édifices remarquables, mais peu nombreux, qui décorent Lille, on peut citer la salle de la comédie, dont nous venons de parler. Elle est bâtie dans le goût de celles des ci-devant Italiens, à Paris; et son porche, composé de six belles colonnes, avec entablement et balustrade, seroit noble et majestueux, si ce caractére n'étoit pas altéré, comme nous l'avons dit, par un peu de pesanteur. L'intendance offre un aspect agréable, quoiqu'imposant. Sa cour, ce me semble, auroit pu se développer sur une dimension plus étendue. Le grand magasin à blé, percé de près 400 fenêtres sur ses quatre faces, est très-remarquable par son élévation. Avant que le bombardement eût détruit l'église de St. Etienne, on admiroit ses ornemens gothiques et la singularité de son clocher. Il seroit à désirer aujourd'hui qu'on nettoyât de ses ruines le beau quartier qu'elle obstrue; outre cet inconvénient, elles en recèlent un plus grand encore, en offrant un réceptacle aux immondices, dont l'agrégation aussi continuelle que cachée, exhale des miasmes pestilentiels et dangereux.

Au moment où nous écrivons, (1803) on élève, pour le concert des amateurs, une salle assez vaste, et dont les proportions promettent de réunir l'élégance à la solidité.

Le cirque, établissement récemment formé, présente une architecture légère et facile, qui annonce fort bien l'objet de son institution. Nous parlerons au chapitre des promenades, de la nouvelle-aventure, dont le bâtiment est fort singulier dans sa construction.

L'hôpital-général et l'hôtel-de-ville, sont aussi des édifices très-remarquables; le premier, par son immensité et ses belles distributions; l'autre, par son antiquité, ses tours à créneaux et les souvenirs qui s'y attachent.

Il fut bâti en 1430 par Philippe-le-Bon, et acheté en 1664, du roi d'Espagne, Philippe IV, par le magistrat, qui y établit son conclave.

Lille est divisée en six sections, numérotées d'1 à 6 avec le numéro divisionnaire de la section. Elle renferme sept mille neuf cent quatre-vingt-dix-neuf maisons; 14,260 ménages, dans lesquels se trouve 23,494 hommes, non compris les militaires en activité, et 31,124 femmes. Sa population totale est de 55,982 individus; sa contribution foncière se monte à 278,402 francs, ses impôts personnel, mobilier et somptuaire à 118,653; ses patentes à 163,951; sa contribution pour portes et fenêtres, à 109,463; et les produits de son octroi, à 423,500 francs. Total, 1,093,969 francs.

L'adjudication de l'octroi municipal et de bienfaisance est de 375,500.

N. B. Nous sentons fort bien que ces données, quelqu'exactes qu'elles soient, puisqu'elles sont extraites de l'état statistique avoué par l'administration, ne peuvent être invariables. C'est un inconvénient, auquel il ne seroit possible de parer, qu'en comparant dix de ces tableaux annuels, pour en tirer une moyenne proportionnelle. Ne pouvant obtenir ce résultat, nous nous contentons de l'indiquer, et de lui donner pour base et pour modèle, ce léger apperçu.

Le port de l'intérieur de la ville, dit le grand-rivage, en fait un des beaux ornemens. C'est le centre du commerce des chargemens et déchargemens des marchandises. Tous les bâteaux y viennent à quai. Il est traversé par plusieurs ponts; celui du milieu, appellé pont-neuf, fut construit en 1701 et mérite d'être observé pour l'élégante légéreté de sa construction. Sous ses premières arches de droite et de gauche, sont établies deux chaussées, en forme de digue, pour la commode circulation des voitures et des chevaux.

Le port d'en haut, dit petit-rivage, est un grand bassin près la porte de la Barre.

Les faubourgs, la plupart remplis de guinguettes et jardins de plaisance, offrent, chaque dimanche, le spectacle animé, le tableau mouvant d'une population immense, et contente, qui va, par d'innocens plaisirs, se délasser de ses industrieuses fatigues de la semaine et se préparer à de nouvelles. Dans le crayon que nous projettons de faire des mœurs et coutumes lilloises, nous nous proposons d'entrer dans quelques détails à ce sujet.

CHAPITRE II.

Institutions.

Les lois ne sont que des théories écrites ; les institutions sont des lois pratiques et vivantes. Vainement le moraliste, dont les fonctions sont d'observer les hommes, eût-il pour ainsi-dire, disséqué leur cœur fibre par fibre ; vainement aussi les historiens et les poëtes, qui ont pour objet de le peindre, l'eussent-ils représenté sous les couleurs les plus vives et les plus vraies; vainement enfin le législateur, mettant à profit les méditations du premier et les tableaux des autres, eût-il déduit de ces grandes données, un code, fondé sur les mœurs, et également destiné à la modération et à l'emploi des passions : tout ce travail n'est encore que préparatoire. Il faut descendre de ces abstractions sublimes à la réalité des applications. Voilà bien les matériaux d'un univers; mais il faut un Dieu pour l'organiser.

A voir la gravité avec laquelle les philosophes, qui, pour la plupart, dans notre âge, ont feint de revêtir la robe de Platon, pour avoir le droit d'étaler le cynisme de Diogène; à considérer, disons-nous, le sérieux avec lequel, après avoir établi leurs dogmes métaphysiques, ils fondent sur cette base fugitive, ou pour mieux dire idéale, la constitution des états, rien ne seroit plus ridicule, si rien n'étoit plus déplorable. Car enfin, elles ne sont point encore fermées et ne le seront de long-temps, les plaies qu'a faites à la société leur funeste doctrine. Imaginant toujours des êtres collectifs, raisonnant de l'homme abstractivement, ils ont tracé un code qui, dans sa prévoyante universalité, devine tous les cas, pressent toutes les circonstances, ne s'embarrasse d'aucun obstacle, trouve tous les moyens, répond à toutes les objections, et fait mouvoir, de quelques traits de plume, l'immense complication de la machine politique. Mœurs et coutumes, caractères natifs et habitudes sociales, passions, opinions et préjugés; ils ont disserté de tout, analysé tout, réformé tout. Les maux de l'empire, au milieu duquel ces sages évangélisoient, semblèrent d'autant plus pénibles, qu'on pouvoit les comparer avec les félicités de ces admirables *Utopies*, qui comptoient autant d'heureux que de citoyens.

Le siècle novateur commença à s'appercevoir que depuis près de quatorze cens ans, le royaume de Clovis étoit malheureux. Il fut convenu que les misères publiques couloient de deux sources, jusqu'alors intaries, le trône et l'autel. On préconisa, on dévora les brochures de ces philantropes, aussi tendres qu'éclairés, qui, dans leurs pages brûlantes du beau feu de l'humanité, refusoient à Dieu l'existence et aux rois le pouvoir. A la vérité, de timides voix s'élevoient de temps en temps, pour opposer à ces éclats d'éloquence politique, quelques objections tirées des biens versés par le christianisme sur la terre, comme aussi des règnes de Clovis, de Charles Martel, de Charlemagne, de St. Louis, de Louis XII, de François Ier., de Henri IV et singulièrement de Louis XIV. Cet âge sur-tout, qui, si l'on peut permettre cette comparaison, ressemble à une colonne de lumière placée sur les domaines des temps futurs, pour en dissiper l'obscurité; ce grand siècle ne laissoit pas que d'être embarrassant. On avouoit bien que Bossuet n'étoit pas sans une certaine hardiesse d'expression; que Corneille avoit quelque talent pour la tragédie, et même que le grand Condé savoit faire la guerre passablement. On se rendoit plus difficilement sur le compte du monarque, auquel d'ailleurs on reprochoit avec amertume sa confiance dans les Jésuites et la révocation de l'édit de Nantes. Enfin, lorsqu'au bruit harmonieux de tant de voix éloquentes que le grand siècle fait retentir dans la postérité, un philosophe se voyoit contraint de baisser le ton; il retrouvoit bientôt son audace et ses forces, pour remonter aux cruautés des Druides, à la sanguinaire folie des croisades, aux massacres de l'Amérique, aux horreurs de la St. Barthelémi et aux extravagances de la fronde. Voilà, ajoutoit-il, avec une confiance victorieuse, voilà les résultats de l'influence des prêtres et du gouvernement des rois. Peuples, si vous voulez être heureux, démolissez vos temples, et ne faites habiter vos palais que par des philosophes!

Tant fut vantée cette maxime d'un nouveau droit public, et, qui mieux est d'un nouveau sens commun, que du désir de la voir utilisée, l'on passa à son usage. Il vint un temps où les prêtres occupèrent les prisons, les rois l'échaffaud et les sages le gouvernement. Alors les fleuves roulèrent du sang, et quand le peuple eût faim, on lui jeta des cadavres!...

Ce qui a singulièrement distingué la démence des novateurs, c'est l'absence, l'irrégularité, la contrariété des institutions. C'est encore leur inconstance et leur opposition avec les mœurs. Nul objet fixe, nul plan suivi. Plus on multiplioit les constitutions, moins il y avoit de gouvernement; plus on fabriquoit de lois, moins il y avoit de sujets. Aujourd'hui, qu'on sentoit la nécessité d'une morale religieuse, qui préservât de la férocité des brutes, les irréligieux eux-mêmes, on imaginoit des *temples à la raison*. Le lendemain on trouvoit insuffisant ce frein métaphysique, et l'on permettoit à l'*Etre Supréme* de revenir dans ses tabernacles. Peu après, des bouches qu'on avoit ouï se souiller de blasphèmes et vu se rougir de sang, se faisoient entendre au milieu du sanctuaire, et prêchoient, à des bourreaux sacrilèges, *l'amour de Dieu et des hommes*.

Ces essais fatiguans furent étendus à l'enseignement, à l'organisation civile, aux habitudes populaires. Méthode lumineuse et procédés remplis de sens! Des bibliothéques philosophiques, on exhumoit des théories toutes faites, pour lesquelles il ne falloit que des hommes, et, bon gré, malgré, on les appliquoit à cette nation plus infortunée encore que coupable, qui reconnoissoit, à ses dépends, que le mieux est presque toujours l'ennemi et le destructeur du bien.

Lorsqu'après dix années d'une patience, qui rend aussi lâche que touchante la résignation des victimes, et aussi atroce qu'inconcevable l'opiniâtreté des tortionnaires; quand, au bout de cette longue agonie, on fut enfin convaincu que les réformateurs, considérant les peuples comme assujettis d'avance à leurs chartres, tentoient une expérience sur le genre humain; on en revint à la logique *des âges de barbarie*, et l'imitateur de Charlemagne crut bien mériter du dix-neuvième siècle, en lui rendant les institutions dont le souvenir le charmoit encore.

Mais aussi prudent, en réparant le mal, que courageux à opérer le bien, le gouvernement des Consuls apporta, dans la distribution de celui-ci, cette sage lenteur qui empêche toute exagération et décide le succès. La marche de l'autorité suprême, qui, dans la sphère politique, représente la providence, ne doit en effet, ainsi que celle qui dirige l'univers, distiller sur ses gouvernés, le bien que goutte à goutte. Il y a une science à ménager le bonheur; et ce seroit mal concevoir les intérêts publics, que les rassasier de jouissances. Le mal, ainsi que la foudre ou le torrent, frappe et ravage avec rapidité; le bien descend insensiblement; et comme ces rosées aériennes qui fécondent la terre, il pénètre peu à peu les cœurs et les remplit de satisfactions.

La liberté des opinions religieuses proclamée avec tant de hauteur et toujours restrainte ou châtiée, a cessé de n'être qu'un principe écrit. De cet axiôme moral et politique, on a conclu la tolérance, toujours refusée au culte dominant. On a vu alors un spectacle sublime : la religion, réfugiée dans le camp, est sortie des tentes de Machabée, toute brillante d'une pompe guerrière. La force de l'épée a relevé la crosse, et, comme l'auroit dit Fléchier, en parlant d'un général célèbre, la main triomphante qui avoit réprimé l'audace des ennemis, a rebâti le temple de Jérusalem.

La puissance s'est environnée de la majesté qui l'annonce et commande le respect. Des formes nobles ont, par leur politesse, replacé au premier rang des négociateurs, nos diplomates que la victoire n'avoit pas toujours justifiés. Une Thémis décente, le front ceint de pourpre, a de nouveau été assise sous le dais; et la règle d'une étiquette nécessaire a assujetti jusqu'au dernier agent de l'autorité.

Cette amélioration dans les apparences n'étoit que le complément à la régénération essentielle. L'une et l'autre embrassèrent les établissemens où se forment, et où se dirigent les mœurs. Avec un système mieux co-ordonné au plan général de l'association, ils furent soumis à une hiérarchie plus imposante. Tout se rattacha à la religion, dont on ne rougissoit plus, et au gouvernement, seul régulateur de la machine publique. Enfin, il fixa un œil de vigilance et de paternité sur les institutions que lui commandoient les circonstances ou la localité; se modélant encore, par là, sur la providence qui fait rouler les soleils, et ne néglige, dans l'économie universelle, aucuns détails.

Une remarque qui n'échappera point à l'observateur, c'est qu'au lieu de devancer l'opinion, le gouvernement l'a toujours attendue. Ses prédécesseurs, qui auroient voulu donner des lois à Dieu, enchaînoient aussi cette reine du monde; mais elle les a détrônés, par la même raison qu'elle conservera ceux qui ne prétendent point lui faire violence.

Si de ces considérations générales, nous descendons à leur objet particulier dans la ville dont nous nous occupons, nous trouverons, que quoique le caractère sage et même un peu aphatique de ses habitans, rendit l'absence des institutions peu dangereuse, cependant leur retour a été reçu avec un véritable contentement. Le Lillois, ami de l'ordre, a peu besoin de freins; c'est pour cela qu'il accepte sans impatience ceux qu'on lui donne; ajoutons pourtant qu'il ne les reçoit avec plaisir, que présenté par la sagesse.

Un grand amour pour la religion de l'Europe, beaucoup de déférence aux actes de l'autorité, de la vénération pour les mœurs ont, de temps immémorial, formé les principaux traits de son caractère. Il a donc dû chérir un gouvernement qui lui rendoit les moyens d'exercer ses plus chères affections. A ces affections à la vérité se rattachoient le souvenir de quelques usages, dont la révolution, toute dévorante qu'elle s'est montrée, n'a pu entièrement effacer la trace. Mais ces usages, pour la plupart pieux, ou moraux, s'ils ne prouvent pas toujours un esprit transcendant, portent au moins le témoignage d'un cœur aimant et d'un naturel facile. Quelques détails viendront à l'appui de ces dernières remarques.

§ I. Institutions religieuses.

Elles sont maintenant bornées aux paroisses et succursales. Lille compte cinq des premières et une des autres.

1°. *Paroisse de S. Maurice.*

Une observation qui est commune à cette église et à toutes celles de Lille, c'est qu'ayant été dévastées par le vandalisme et l'impiété, elles ont perdu une partie de la pompe apparente qui distingue le culte romain. Nous disons la pompe apparente; car aux yeux et sur-tout pour le cœur du vrai croyant, jamais la religion ne fut plus touchante, que dans cet état de spoliation, de deuil et de nudité, où l'ont réduite des barbares. Au surplus, chaque jour voit diminuer cette situation déplorable. La protection du gouvernement et la piété des fidèles concourent à restituer une partie de son mobilier sacré à la maison du Seigneur.

L'architecture de S. Maurice est plus légère, qu'on ne la voit ordinairement dans les édifices de la Flandre. Cinq nefs la composent. Autour des collatérales, on voyoit, il y a dix ans, des chapelles fermées par des grilles de cuivre. Il en étoit de même de celle du chœur, qui avoit pour frontispice une colonnade de marbre, sous laquelle étoit inhumé M. de Mautissart, son fondateur. La chaire et le rétable de l'autel, élevé de plusieurs marches audessus du sanctuaire, qui lui-même l'est de plusieurs audessus du sol des nefs, présentoient aux connoisseurs deux objets remarquables. On estimoit, sur-tout au dernier, deux termes de marbre travaillés avec délicatesse.

L'enceinte intérieure étoit décorée de plusieurs tableaux de prix, parmi lesquels on citoit celui de S. Jean l'aumônier, peint par Wamps, et celui de l'épitaphe d'Antoine le Gillon et d'Anne, sa sœur, représentant la sainte famille, aux pieds de laquelle sont prosternés la sœur et le frère. Ce morceau est de Van Oost le père. A ces chefs-d'œuvres de l'art, détruits ou dispersés par les nouveaux Iconoclastes, on avoit substitué une décoration de forêt, percée de plusieurs clairières, au-delà desquels on appercevoit des paysages. Des arbres rassemblés par groupes autour des colonnes, réunissoient au chapitaux le faîte de leurs branchages, à travers lesquels, parmi les échancrures du feuillage, on déméloit des nuages et l'azur du ciel. Tout cet appareil étoit consacré aux bizarres cérémonies du culte idolâtre ou métaphysique de la raison.

2°. *Paroisse de S. Sauveur.*

Son église, d'un goût gothique, est foiblement éclairée par des vitraux obscurs qui y projettent une lueur sépulcrale. Elle a beaucoup souffert pendant le dernier bombardement qui a renversé la flèche, élevée sur sa tour, laquelle étoit bâtie en pierres d'Avesnes. Cette pointe, fort remarquable, servit de point de mire à l'ennemi, pour diriger tous ses efforts et ses ravages sur le quartier, le plus pauvre, le plus laborieux et qu'on supposoit le plus facile à désespérer; nous avons vu que les assaillans furent loin d'y parvenir. Le courage des assiégés surpassa de beaucoup leurs fureurs; du milieu de leurs ruines, ces derniers trouvèrent dans le sentiment de l'honneur national, un contre-poids à leurs privations et de glorieux moyens de résistance.

Au nombre des objets qui attiroient l'attention dans cette église, étoient six magnifiques pièces de tapisserie, brodées par Vernier.

3°. *Paroisse de Ste. Catherine.*

Trois choses, de nature différente, mais toutes individuellement intéressantes, provoquoient la curiosité dans cette église; la troisième satisfaisoit la dévotion. C'étoit d'abord une superbe boiserie qui enveloppoit dans son pourtour toute la circonférence intérieure. En second lieu, c'étoit la clôture du chœur, excellente grille de fer, travaillée en 1769, par Warlet, artiste de Lille. C'étoit enfin un admirable tableau de Rubens, représentant le martyre de Ste. Catherine, qu'une décision du gouvernement vient de restituer à son église. Tout est riche dans cette composition, ordonnance, dessin, expression, couleur. Il fut donné à la paroisse par Jean de Seur et son épouse.

4°. *Paroisse de la Madeleine.*

La forme de cette église est circulaire. Autour, dans des enfoncemens pratiqués à dessein, sont des chapelles, qui, jadis, avoient des bénéficiers titulaires; en face de la porte principale, se voit celle dans laquelle on célèbre le service divin. Le centre est éclairé par un dôme percé de grands vitraux, d'où s'épanche le jour.

5°.

5°. *Paroisse de S. Etienne.*

Elle a été transférée dans l'église des ci-devant Jésuites, dont nous avons parlé, en vantant son architecture légère et svelte, et la grâce de sa décoration.

6°. *Succursale de S. André.*

Nul temple dans Lille n'a plus souffert de la révolution que celui-ci. Au moment que nous écrivons, la nudité de ses murailles, son autel sans ornemens, les marbres de son parvis dispersés, tout afflige les yeux chrétiens. On s'étonnera moins de cette dévastation, quand on se rappellera qu'il servit d'écurie à un escadron, caserné près de là. La Madeleine avoit été transformée en magasin. *Dispersæ sunt lapides sanctuarii.* Jer. Lament.

La piété des Flamands ne se bornoit pas à s'acquitter strictement des obligations imposées par l'église. Ils unissoient à l'accomplissement de ces devoirs majeurs, des institutions religieuses, des pratiques de dévotions, des coutumes morales et de charité. Le bouleversement universel les avoit suspendues; l'ordre renaissant commence à les rétablir. Telles sont les confrairies de la Ste. Face, dite de Miséricorde, dont les membres quêtent pour les pauvres prisonniers; celle des morts, dont les voies sont touchantes, l'appareil mélancolique et le but chrétiennement philosophique. Ceux qui composent ces associations se chargent de recueillir les dons que distribuent les fidèles dans les églises. La collecte se fait par eux dans une tasse de métal, contre les parois de laquelle ils font résonner la monnoie qu'ils ont obtenue.

L'administration des sacremens et la célébration du service divin sont confiées, dans chaque paroisse, à un pasteur en chef qui porte le titre de *curé* et qui est nommé par l'évêque. Le curé est aidé dans ses fonctions par des vicaires et desservans. Ceux-ci gouvernent la succursale. Le chœur est composé d'ecclésiastiques habitués, qui, au moyen de la pension qui leur est allouée par l'état, sont tenus d'assister et de coopérer aux offices. MM. les curés, aidés des marguilliers, nomment les chantres gagés, les enfans de chœur, le suisse, les bédeaux, etc.

Les marguilliers sont des citoyens choisis par l'assemblée des catholiques, pour la gestion du temporel de chaque paroisse. Maintenant ils ne peuvent administrer que les deniers résultans des oblations; mais quand moins d'infortune aura permis à la charité des fidèles de se réchauffer, les marguilliers auront le gouvernement et la surveillance des fondations.

Les paroisses de la ville de Lille, qui, avant la nouvelle circonscription ecclésiastique de la France, ressortissoient du diocèse de Tournay, sont aujourd'hui de celui de Cambrai, suffragant de l'archevêché de Paris.

Personne n'ignore qu'immédiatement après Fénélon, dont les vertus et les talens avoient illustré ce siége, il fut souillé par l'infâme Dubois, cardinal et premier ministre de cet impur Philippe d'Orléans, qui planta, dans la corruption de sa régence, le germe d'où devoit, près d'un siècle après, sortir l'arbre mortel de la révolution.

7°. *Dédicaces et Karmesses.*

Le premier de ces mots, dont une contraction vulgaire a fait celui plus abrégé de *Ducace*, se dit de la fête patronale de chaque paroisse; le second, de la foire, des jeux et des spectacles forains qui l'accompagnent.

Huit jours auparavant, les compagnies franches de l'arc et de l'arbalète, ont subi une dernière revue. C'est à qui décorera de couleurs plus brillantes son uniforme renouvellé. Le cœur du jeune homme bondit de plaisir sous le baudrier;

son œil étincelle sous le panache ondoyant. La vierge qui l'a distingué rougit de lui voir tant de charmes.

Dès la veille cependant les volées des cloches ont, au loin porté, l'annonce de la fête. Des mains officieusement pieuses ont préparé les guirlandes de fleurs et les faisceaux de verdure. Les marbres de la basilique vont voiler sous ces parures champêtres, leur éclat trop pompeux. Les doux patrons de la paroisse se plaisent mieux sur des couches de mousse et sous un dôme de rose, que parmi la pourpre des rois.

En effet n'est-ce pas une illustre amazonne qui, la main appuyée sur l'instrument de son martyre, sourit encore au sanglant triomphe de sa virginité? N'est-ce pas aussi une pécheresse pénitente, qui, de ses longs cheveux, cache à tous les yeux, ces attraits, dont trop longtemps elle fut idolâtre? Et n'est-ce pas encore cet agneau sans tache, qui présente au fer des bourreaux une tête docile et soumise?

Mais avec l'aurore du lendemain, l'airain s'est éveillé, et marque déjà par ses clameurs retentissantes, les premiers signes de l'alégresse. La tour gothique, le dôme majestueux se revêtent de bouquets, de draperies éclatantes et de festons. Les portiques sont parfumés d'encens, et le parvis est jonché de fleurs nouvellement effeuillées.

La religion conduit en foule ses prosélytes sous les pérystiles sacrés. L'intérieur du temple brille à la fois des chefs-d'œuvres des arts et des simples produits de la nature. Des feux se réfléchissent dans les cristaux éblouissans; on respire l'odeur des suaves parfums, et tout charme à la fois et les sens et le cœur.

Couronnée de verdoyans rameaux, la patrone repose sur un lit de fleurs; tandis que dans un enfoncement reculé, à travers des nuages d'encens, rayonne le Saint des Saints. Un silence auguste l'environne; les prosternations des fidèles décèlent le monarque devant lequel les anges fléchissent.

Les mystères commencent. Entouré de ses lévites, le pontife évoque, du haut de l'empirée, celui à qui l'empirée sert de marche-pied. À la voix d'un prêtre, ô miracle d'amour! il descend et vient encore sauver les hommes! L'orgue, à son auguste aspect, soupire de tendresse; un vaste silence plane sur les fidèles; il n'est rompu que par leurs cris d'adoration.

La célébration de la solemnité sainte est suivie d'une foire. Là, des deux côtés des rues, sont étalés, sur des traiteaux prolongés, ces jouets frivoles auxquels l'enfance attache un si grand prix. Les pères satisfaits, les mères enchantées, les instituteurs dirigent, au milieu de ce labyrinthe curieux, les pas étourdis de leurs élèves. Une joie naïve, une curiosité ingénue se peignent sur ces jeunes fronts qui ne savent pas dissimuler. Leurs passions futures se décèlent dans leurs caprices du moment : tel s'élance sur un sabre, qu'il fait tournoyer avec rapidité;

tel interroge attentivement les ressorts d'une frêle mécanique; instituteurs, développez ces germes heureux; il en peut sortir un Vaucanson et un Turenne.

Des jeux plus importans, amenés par le soleil aux deux tiers de son tour, appellent à la gloire une jeunesse impatiente. Au centre d'une place, dont un double rang d'arbres dessine le contour, s'élève un mât d'une prodigieuse élévation : à son faîte est retenu, par un lien flexible, mais solide, un oiseau, dont le plumage de neige apparoît au loin. De nombreuses cohortes l'environnent; chacune se distingue par ses couleurs.

La foule qui se presse autour des contendans, s'élargit en demi-cercle. Ils parroissent le carquois sur l'épaule, la flèche posée sur l'arc; tels on nous peint ces sauvages agiles, qui trouvent à la pointe de leurs dards une existence et des proies assurées.

Mais il ne s'agit point ici d'ensanglanter la victoire ; il faut la signaler, au contraire, en rendant à la liberté le captif ailé qui se débat.

Chaque athlète se montre tour à tour. Dans une attitude qui, sans nuire à la vigueur des membres, en développe les grâces, il tend d'un bras exercé l'arc qui cède et fléchit. Chassée par la corde frémissante, la flèche s'élance en sifflant ; l'oiseau qu'elle menace agite ses ailes ; mais vainement : le mât se hérisse de dards, sans qu'aucun ait rompu le nœud fatal.

Enfin, lancé par une main plus adroite et guidé par un œil plus juste, voilà qu'un trait l'a frappé. Il se brise, le mât est ébranlé ; le volatile, qui d'abord s'épouvante, ose pourtant essayer ses ailes, et bientôt dans un essor joyeux, il part, et va jouir dans la nue de sa nouvelle liberté. De tous côtés des applaudissemens se font entendre. On environne le vainqueur, on se presse autour de lui ; les juges lui décernent, avec la couronne, une magnifique coupe de métal précieux, mais où le travail de l'artiste surpasse encore la matière. On conduit l'athlète en triomphe sous une tente ombragée, où l'amitié de ses frères d'armes a préparé le festin de la victoire. Une franche gaieté circule dans tous les rangs avec la coupe étincelante de liquides rubis : incessamment vidée elle se remplit toujours; et la joie de l'ame termine une journée qui commença sous les auspices de la religion et de l'honneur.

§ II. Institutions morales.

Nous les envisagerons sous trois aspects. Les premières, qui prennent l'homme presque dans son berceau, ont pour but de développer ses forces et de former son ame. Les secondes, qui l'accueillent, soit qu'à peine sorti du sein maternel qui déjà le repousse, il appelle par ses vagissemens la commisération des étrangers; soit qu'enchaîné sur le lit de douleur, il invoque les secours de la bienfaisance ; ces institutions, disons-nous, ont pour objet de le conserver. Les troisièmes enfin, tristes, silencieuses et sévères, sont chargées d'éveiller le remords par le châtiment, et de soustraire aux douceurs de la grande famille, celui dont les attentats en ont troublé l'harmonie. De ces trois degrés dans les institutions morales, le dernier et le premier semblent se lier plus immédiatement à la politique intérieure, et l'autre à la religion, sans laquelle toute bienfaisance n'est qu'un vain projet d'orgueil, bientôt frappé de stérilité. Cependant ils sont tous unis et se touchent par le motif d'économie publique qui leur est commun, et qui les rend une des parties essentielles du système constitutif d'une société.

1°. *Instruction publique.*

Après plusieurs essais, ou nuisibles ou infructueux, une nouvelle législation a été portée sur l'organisation de l'instruction publique. Le gouvernement y a sagement combiné ce qu'il y avoit de reconnu comme utile dans le systême des colléges et dans celui des écoles centrales.

Un établissement de ce dernier genre établi à Lille, a été fondu dans le nouveau lycée institué à Douai. Il y avoit à l'école centrale une chaire de dessin, une d'histoire naturelle, une de langues anciennes, une de mathématiques, une de physique et de chymie expérimentale, une de grammaire générale, une de belles-lettres, une d'histoire et une de législation.

En l'an 10 (1802), le troisième arrondissement du département du Nord, dont le chef-lieu est Lille, comptoit 130 arrondissemens d'écoles primaires, dont 127 en activité, et 20 petites écoles privées. Le nombre des élèves se montoit à 10,790.

Il y a à Lille trois écoles secondaires. On a donné ce titre aux pensionnats, dans lesquels, aux termes de la loi du 11 Floréal an 10, on enseigne les langues latine et française, les principes de la géographie, de l'histoire et des mathématiques. Ces écoles sont sous la surveillance du préfet.

Elles sont dirigées par MM. Gosse, Duriez et Bonnier.

Dans l'école secondaire tenue par M. Gosse, il y a neuf professeurs.

Dans celle dont M. Duriez est le chef, on en compte sept.

Et le même nombre dans celle de M. Bonnier.

Outre l'enseignement exigé par la loi, on professe dans les deux derniers pensionnats un cours complet de science commerciale.

La commune de Lille a établi une école particulière de dessin et de peinture.

Elle compte aussi plusieurs pensionnats de jeunes demoiselles. Les principes de l'éducation qu'elles y reçoivent sont sains, l'instruction est étendue ; dans quelques-uns on enseigne la langue anglaise.

Un arrêté du gouvernement a établi pour cinq villes de la France des cours d'instruction dans les hôpitaux militaires permanens; Lille est une de ces villes. On y professe les diverses parties de l'art curatif, et l'on en fait spécialement l'application aux maladies des troupes.

Lille a une bibliothéque qui étoit en même-temps celle de l'école centrale. Parmi les livres précieux qu'on y trouve, on rencontre plusieurs manuscrits avec des vignettes bien conservées, et quelques éditions du quinzième siècle.

Dans le même bâtiment que la bibliothéque, est placé le *muséum*. Il est composé, en grande partie, des tableaux enlevés aux églises. Il y en a quelques-uns de Jordaens, de Van-Dyck et de Rubens. On remarque de ce dernier une descente de croix. Le gouvernement a ordonné qu'il fut mis à la disposition de cette gallerie quarante-quatre tableaux, dont une partie est en très-bon état, et dont une autre partie se restaure à Paris, par les soins du musée central, aux frais de la ville de Lille. Plusieurs de ces morceaux sont de Rubens, du Guide, de Paul Véronèse, des Carraches, de Van-Dyck, de Champagne et de Raphaël.

Le concours pour les places à l'école polytechnique s'ouvre chaque année à Lille et à Dunkerque.

Deux spectacles sont offerts plusieurs fois la semaine aux habitans de Lille. L'un, dans la salle ordinaire, nouvellement décorée, se compose de représentations théâtrales. Dans le second, qu'on appelle *le Cirque*, lequel est un édifice d'une architecture élégante, bâti sur un tertre élevé, où on a réuni plusieurs moyens de divertissemens publics, tels que les danses, les tableaux forains, les illuminations, les feux d'artifice, etc.

Lille a plusieurs imprimeurs et libraires fâmés. Elle cite parmi ceux qui ont mis dans le commerce des éditions recherchées, Fiévet, Cramé,

Lalau, Henry. La librairie de Lille, long-temps inactive et stagnante, commence à reprendre quelque vigueur. Parmi quelques livres, produits récemment par elle, on peut citer l'ouvrage en 4 vol. in-8°., intitulé : *Botanographie Belgique*, par le docteur Lestiboudois, doyen des botanistes français.

Une feuille publique qui paroît tous les deux jours, en 16 p. in-12, publie les annonces, avis, arrêtés et proclamations. En soignant davantage ce petit journal, et en l'enrichissant de quelques morceaux de littérature choisie, de saine politique, ou d'économie locale, on pourroit le rendre aussi agréable et utile aux citoyens qu'avantageux à son éditeur.

2°. *Etablissemens de charité.*

Avant la révolution, il y avoit dans Lille, deux grands hôpitaux, desservis par des religieuses, où les malades étoient traités, pansés et soignés

soignés gratuitement. Ils avoient été fondés par la comtesse Jeanne; l'un, qui portoit le nom de *Jean-Baptiste St. Sauveur*, en 1216, et l'autre, qu'on désignoit sous le nom d'*Hôpital Comtesse*, en 1243.

Indépendamment de ces deux grands hôpitaux, il y en avoit plusieurs autres, également desservis par des religieuses. Nous allons dire un mot de chacun, avant de passer à leur organisation nouvelle.

1°. L'hôpital des Gantoises ou des Vieillettes, où l'on recevoit des femmes décrépites. Cet établissement, sauf quelques modifications, existe encore. Il est l'asile d'environ quatre-vingt-dix vieilles femmes.

2°. L'hôpital de Notre-Dame de la charité, fondé pour les femmes chartrières.

3°. Les conceptionistes, fondé en 1649 pour les femmes malades. Les religieuses de cette maison alloient aussi garder les malades en ville, et enseignoient la jeunesse chez elles.

4°. L'hôpital de St. Joseph étoit

destiné à un certain nombre d'hommes incurables.

5°. L'hôpital de St. Jacques, fondé en 1225 par Roger, châtelain de Lille, pour y loger des pélerins, fut depuis converti à l'usage des femmes en couche. Des commissaires du magistrat, ou des proviseurs, administroient ces divers établissemens.

De toutes les fondations pieuses, la plus considérable étoit la charité générale, qui avoit sous son administration plusieurs établissemens particuliers de charité. C'étoit un bureau, composé de dix-huit administrateurs. Deux députés des magistrats avoient le droit d'entrer, de présider, de receuillir les voix et de délibérer dans les assemblées de ce bureau. Les établissemens suivans en dépendoient.

1°. Les fondations de St. Nicaise, de St. Nicolas et la Trinité. C'étoient anciennement trois hôpitaux où l'on recevoit des bourgeois déchus, auxquels on distribuoit des portions de blé, de beurre, de fromage, etc. Depuis, les rentes de ces hôpitaux avoient été converties en prébendes pécuniaires qu'on payoit par trimestre, et que conféroient les administrateurs et les députés du magistrat.

2°. La bourse commune des pauvres n'étoit d'abord qu'un établissement volontaire, formé dans les temps malheureux du quinzième siècle, par quelques bourgeois charitables, qui distribuoient aux infortunés multipliés par les troubles, des secours pécuniaires. Par la suite, cette institution s'étant consolidée, fut d'abord approuvée par les magistrats, ensuite par l'empereur Charles - Quint, qui l'étendit dans tous les Pays-Bas de son obéissance. La bourse de Lille distribuoit annuellement à peu près cinquante-trois à cinquante-cinq mille florins.

3°. Les *Bleuets*, fondés par M. de la Grange, dans le quinzième siècle, étoient des orphelins qu'avoient multipliés les trois fléaux de la misère, de la guerre et de la peste, après les batailles livrées et perdues par Charles le hardi, duc de Bourgogne. Ces enfans, qui prenoient leur dénomination de la couleur de leur habit, avoient été réunis avec ceux de la maison dite des *Bapaumes*.

4°. Celle-ci, fondée en 1605 par Guillaume de Bapaume, avoit d'abord étoit consacrée à l'enseignement; depuis les archiducs, gouverneurs de la Flandre, en formèrent une maison, où étoient reçus, instruits et entretenus autant d'enfans que les revenus pouvoient le permettre.

5°. Les Bonnes-filles. Cet hospice, fondé dans la chaste intention de soustraire aux assauts du vice de malheureuses orphelines, ne mettoit d'autres bornes à sa charité que celles de son modique revenu.

6°. La maison ou école des *Stappaërt* (nommée ainsi de son fondateur), étoit la réunion de plusieurs écoles particulières pour l'entretien d'un nombre déterminé de filles. Antoinette Bourignon, fameuse par ses rêveries mystiques, s'étoit uni au premier fondateur pour augmenter le nombre des lits.

Maintenant, cet hospice est composé de cent jeunes filles, toutes occupées à faire de la dentelle. On les garde jusqu'à vingt ans. Vers la fin de leur séjour, on leur enseigne la couture. Leur costume est une juppe noire et une camisole orange. Elle ont de la viande quatre fois par semaine; le soir on ne leur donne que du pain. A table, on place les grandes filles d'un côté, les petites de l'autre : chaque grande a soin d'une petite. Elles couchent seules. On se plaint généralement qu'on ne leur donne pas assez de linge. Quand elles sortent, on leur remet un petit trousseau formé du profit personnel qu'elles retirent d'un travail forcé et excédant celui auquel elles sont assujetties.

Pour l'œil d'un observateur sensible, c'est un spectacle qui ne laisse pas sans émotion, que celui de ces enfans infortunés, dont quelques unes démentent par une figure charmante et des grâces naïves, l'endroit où elles se trouvent et la sévérité de leur destin. La réunion d'un grand nombre de vieillards peut inspirer un respect mêlé de pitié ; celle d'une foule joyeuse de garçons fait éprouver, je ne sais quel sentiment de plaisir martial et d'espérances ; mais cent jeunes filles assises et fixées à un carreau sur lequel leurs doigts agiles font mouvoir des fuseaux légers ; ce tableau d'innocence, d'infortune et de simplicité a quelque chose d'inexprimable qui pourroit peut-être communiquer au cœur des mouvemens dangereux, si la religion ne couvroit pas de ses voiles ces enfans du malheur.

7°. La maison des vieux-hommes étoit établies pour un grand nombre de vieillards ; 8°. celle de salut, ou maison de force, dont nous avons déjà parlé, l'avoit été pour la repression des vagabonds et des libertins ; 9°. celle des Grisons, due aux frères Déliot, instruisoit dans les principes du catholicisme cinquante jeunes apprentifs des différens arts et métiers, auxquels on distribuoit périodiquement du pain et des habits; 10°. plusieurs écoles dites dominicales, qui enseignoient à un nombre presqu'illimité de jeunes enfans des deux sexes, les élémens de la première instruction; 11°. l'hôpital de St. Julien, établi en 1321; 12°. celui de Ste. Marie, ou des Grimarest, institué en 1343; celui des Martes, fondé en 1365 pour huit femmes pauvres, honteuses et impotentes, avec une neuvième en état de les servir. 13°. Un bureau des nourrices établi par le magistrat en 1764. 14°. La maison de la noble-famille, fondée par mademoiselle de Séméries, à l'imitation et sur le modèle de St. Cyr, étoit destinée à recevoir les demoiselles nobles des provinces de Flandre, de Hainaut et d'Artois. On les y élevoit jusqu'à l'âge de dix-huit ans. 15°. Plusieurs fondations particulières, toutes dépendantes de la bourse des pauvres, et destinées, les unes aux célibataires, ou aux filles à marier, les autres aux gens de métier, etc.

16°. L'hôpital-général a été érigé en vertu de lettres patentes du mois de Juin 1738, pour y nourrir et entretenir les pauvres de la ville de tout âge et des deux sexes. Il a été conservé et soumis à quelques modifications. Celles qu'il a reçues de l'administration de M. Dieudonné, préfet du département du nord, commencent à lui donner une direction vraiment utile, et à corriger les abus énormes que l'anarchie y avoit introduits.

L'hôpital-général est un vaste bâtiment quarré, construit à la descente des remparts et près de la porte-d'eau. L'air qui circule autour est aussi pur qu'il peut l'être dans un pays marécageux, souvent infecté d'exhalaisons carboniques et des miasmes du méphytisme. Cet édifice renferme dans son enceinte tout ce qui est nécessaire à un établissement de cette nature. On y trouve un moulin, une boulangerie, une brasserie. Le grain s'y moud, le pain s'y manipule, la bière s'y brasse pour les autres hospices. On a essayé depuis quelques temps d'y faire du vinaigre de grain, et cet essai a réussi. La farine que l'on emploie au pain des indigens n'est pas blutée. Celui des malades est fort blanc; mais il est un peu dépouillé de substance nutritive, travaillé lâchement et n'est point assez fermenté. Ces défauts sont communs à tous les pains blancs de Flandre, et singulièrement à celui qu'on désigne à Lille sous le nom de *pain français*.

Les approvisionnemens de l'hôpital-général se font de cette manière: pour la viande, par un entrepreneur, à prix convenu; pour les grains, par un administrateur des hospices, ordinairement par approvisionnement, lorsque les achats sont le moins dispendieux.

L'hôpital-général a conservé sa destination, qui étoit de recevoir des vieillards et des enfans de l'un et l'autre sexe. La population habituelle est de dix-huit à dix-neuf cens personnes. Elle étoit en 1762 de près de deux mille deux cens.

Audessous du rez de chaussée sont pratiqués de vastes souterrains voûtés, dans lesquels on a établi les cuisines, les celliers et les magasins. Le rez de chaussée est occupé par les réfectoires et les ateliers. Le premier étage est le logement des vieillards; le second et les combles servent aux enfans. La distribution supérieure étant la même que celle de dessous, un long corridor a suffi pour la communication de toutes les pièces. Elles reçoivent toutes l'air et la lumière de deux côtés; d'abord par celui qui ouvre, d'une part sur le rempart, et d'un autre sur une rue; ensuite par le corridor, qui lui-même prend jour sur la cour. Chaque sexe a ses salles séparées; mais en général elles sont, pour ainsi dire, encombrées; il en est dans lesquelles on compte quatre-vingts ou cent lits. La salubrité, qui dépend en grande partie, de la libre circulation de l'air, exigeroit qu'on enlevât ceux qui forment la file du milieu. Les vieillards et les infirmes couchent seuls ; plusieurs infirmeries sont destinées aux malades. On oblige à travailler les vieillards qui ont encore de la force; en ne les surchargeant point, c'est un service qu'on leur rend, puisqu'on les soustrait aux souvenirs et aux chagrins de leur âge. Les enfans couchent deux à deux, un grand avec un petit. Il y auroit plus d'une observation à faire sur cet usage; la morale, autant que l'hygiène en démontreroient avec facilité les inconvéniens.

Les garçons, pour la plupart, apprennent les métiers de tailleur, de cordonnier et autres. Quelques-uns, demandés par des ouvriers de la ville, y reçoivent les élémens de différens états. Le costume de ces enfans, très-délabré dans les jours de travail, mais assez propre aux jours de fêtes, est brun avec un collet jaune.

Le travail habituel des filles est la dentelle. Celle qu'on appelle *fonds de Paris* est assez solide et estimée; mais elle n'a ni la force des *Valenciennes*, ni l'élégance des *Malines*. Le produit des labeurs de ces enfans est pour l'hôpital. Seulement, à l'époque de leur sortie, qui est fixée à vingt ans, elles reçoivent un petit trousseau d'une trop modique valeur. Leur costume est uniforme, et de couleur vert foncé.

La nourriture qu'on distribue à l'hôpital est médiocre. Une seule fois par semaine on donne de la viande et du bouillon; pendant les trois jours suivans des légumes et du fromage, et durant les trois derniers du pain et de l'eau. Ce qu'on appelle en Flandre *tartine*, c'est-à-dire, une légère couche de beurre étendue entre-deux tranches de pain, ne s'accorde que rarement. Il semble que ce régime soit susceptible d'une répartition plus satisfaisante, et même d'améliorations essentielles. L'hôpital-général, tel qu'il se comporte, est une institution majeure qui doit attirer souvent l'œil du gouvernement et les soins de l'administration.

Dans une des aîles de ce grand bâtiment étoit établi l'Hôtel-Dieu pour les femmes malades; il vient d'être transféré à l'Hospice S. Sauveur. Celui-ci, réorganisé depuis peu, offre quelques changemens. De l'église on a fait une salle où les malades reposent dans des lits enrichis de sculpture. Ces malades couchent seuls; mais leurs salles, quoique d'une grande élévation, ne sont pas échauffées. On évalue à moins de vingt-quatre sols la dépense que fait journellement chacun d'eux. Il existe, dans le même Hôpital, une salle, où l'on est admis, moyennant 30 sols par jour. La quinzaine se paye d'avance.

C'est sur-tout à l'extinction de l'oisiveté, que s'est attachée l'administration nouvelle dans la régénération commencée des hôpitaux. On ne peut trop louer ses efforts. Ils sont déjà couronnés par de véritables succès; car, outre les métiers dont nous avons déjà parlé, et auxquels on astreint les jeunes gens, il en est d'autres d'institution récente qui les occupent avec autant de profit. Tels sont ceux qui tiennent à la filature, à la tisserie. S'il étoit possible, d'une part, de soutenir le courage des jeunes travailleurs par un régime plus substanciel et plus doux; de l'autre, de lui donner, par l'établisment de primes et de récompenses honorifiques et pécuniaires, des véhicules décisifs; nul doute qu'il ne résultât de cette double amélioration le bien le plus satisfaisant. L'auteur de l'annuaire du département du nord, pour l'an 11 (1803), a émis une partie de ce vœu; et comme, en qualité de secrétaire du préfet du Nord, on peut le considérer, dans ce genre de travail surtout, comme l'organe de cet administrateur, on a droit d'espérer, qu'à cet égard, ses projets bienfaisans et ses opérations conservatrices s'accorderont avec la pensée des gens de bien.

La gestion de l'hôpital-général, aussi bien que celle des autres hospices, est confiée à une commission administrative composée de neuf citoyens. Leurs revenus sont de 257,637 fr., auxquels il faut ajouter un supplément considérable sur l'octroi.

On dépose aux hospices les enfans abandonnés. Quand ils viennent de naître, on les envoie, dans les campagnes voisines, chez des nourrices qui se sont fait inscrire d'avance.

Le dépôt de mendicité, qu'il seroit à désirer qu'on changeât en atelier de travail, renferme quelques vagabonds sans asile ni aveu, et un certain nombre de filles publiques, tombées par leurs déréglemens, dans l'abyme de la misère et de la maladie.

De deux maisons de réclusion existantes dans Lille pour les insensés, l'une, destinée aux hommes a été réunie, avec celle de Bavay, à Armentières, où elle est dirigée par les frères du tiers-ordre, dits *Bons-Fils*. L'autre, où l'on enferme les femmes, est tenue par d'autres femmes, sous la direction d'un économe. La population de cette dernière est habituellement de 60 à 70 personnes. On n'est admis parmi elles, qu'en vertu d'un arrêté du préfet.

On a enfin rappellé aux services des pauvres et au soulagement des malades, les dignes filles de Vincent de Paule et de madame le Gras. Les sœurs de la charité, convoquées par le gouvernement, ont oublié les procédés infâmes de l'ingratitude. Elles ont pleuré de joie en revoyant le chevet des moribonds. Ah! quelle étrange religion, que celle-là qui paye du sacrifice même de la vie, l'humiliation, la misère et les injures!

Le préfet a établi à Lille, comme dans presque toutes les communes de son ressort, un bureau de bienfaisance, chargé de conserver le patrimoine des pauvres et de distribuer des secours à domicile. Ce patrimoine et ces secours se composent de biens fonciers qui y sont affectés; des supplémens levés sur les maisons de spectacle; des quêtes faites dans les églises ou ailleurs, et des produits de l'octroi. On porte à près du cinquième de la population le nombre des mendians à Lille.

3°. *Etablissemens de Sûreté.*

Ils sont, sous tous les rapports, les parties honteuses de la société. Il y a à Lille une grande maison d'arrêt, où sont détenus les condamnés; et plusieurs dépôts pour la translation d'un tribunal à l'autre. Ces maisons, assez bien administrées d'ailleurs, sont mal saines. La fièvre dite *des prisons* y fait un ravage sourd et continuel.

4°. *Inhumations.*

Quelques années avant la révolution, on s'avisa de remarquer que les émanations des tombeaux renfermés dans les églises, impregnoient l'air de miasmes putrides et dangereux. En conséquence de cette découverte un peu tardive de la chimie moderne, l'administration publique défendit les inhumations particulières. Elle ordonna même l'exhumation d'une foule de cadavres, qui furent transportés dans un cercueil bannal et jetés dans la fosse de l'égalité. C'est par des mesures aussi vaines et aussi téméraires, que le démon du siècle profanateur préludoit à l'abomination qui, dans l'année du meurtre, désola les tombeaux. Alors, comme on sait, l'anarchie descendit dans l'empire de la mort; elle souilla la sépulture du pontife et du monarque, et mêla leurs cendres aux cendres des plus vils animaux.

Long-temps après cette exécrable période, les enterremens ne furent qu'un long sacrilège. On vivoit dans l'insensibilité des athées ; et les cadavres traînés à la voierie par des mercenaires voraces, alloient servir de pâture aux chiens.

Il appartenoit au gouvernement réparateur, qui avoit rendu le berceau aux bras maternels, de replacer le cercueil sous l'aîle de la religion. Le signe du salut précède aujourd'hui les morts dans les sentiers de la tombe. On y descend appuyé sur la charité et sur la loi. Il n'est plus honteux de couvrir de fleurs funèbres, d'arroser de larmes pieuses, le coin de gazon qui couvre un objet regretté. Chacun d'ailleurs est libre, en se conformant à quelques réglemens de police, de conserver près de soi des restes chéris. On peut, sous un berceau de son jardin, au pied d'un bel acacia; on peut élever un monument à la reconnoissance, à l'amour, à l'amitié.

La plupart des cimetières du département du Nord, sont plantés d'arbres de plusieurs espèces; ce qui produit un effet aimable qui s'accorde merveilleusement avec leur destination. A ces arbres, presque tous d'un port altier et d'une verdure éclatante, on pourroit ajouter des thuyas sombres et des saules de Babylone. La roideur des premiers et la flexibilité des autres s'unissant, par un agréable contraste, rembruniroit la tombe d'ombrages mélancoliques, et l'asseoiroit véritablement sous les bocages de la mort.

Toutes ces observations, qui sont générales, s'appliquent particulièrement au cimetière de la commune de Lille.

§ III. Institutions politiques.

En ne plaçant qu'au troisième rang les institutions qui composent (qu'on nous permette cette expression) la charpente du corps social, nous avons renversé l'ordre établi depuis quelques années, lequel se complaît à donner au matériel de toutes choses la préséance sur l'intellectuel. Nous pouvons être dans l'erreur; mais il nous semble que c'en est une grossière et palpable, de ne pas classer le principe de la vie avant ce qui en est l'organe. De même que l'ame existe avant les sens, de même aussi la religion qui est l'ame sentimentale de la société, et la morale qui en est l'intelligence, ont devancé et doivent précéder sa constitution mécanique. Que seroit une association politique sans les liens religieux et moraux qui en unissent les parties? En s'accoutumant à considérer, sous ce point de vue, l'harmonie sociale, on en voit le principe dans la main de Dieu, et les mouvemens dans sa providence. L'anarchie, ou le despotisme, ne divisera, ou n'opprimera jamais une nation qui admet cette doctrine conservatrice.

Nous diviserons les institutions politiques, 1°. en administratives; 2°. judiciaires; 3°. économiques; 4°. et militaires.

1°. Administrations.

Sous - Préfecture.

La ville de Lille est le chef-lieu du troisième arrondissement communal du département du Nord. Il est administré en sous-ordre, 1°. par un sous-préfet, à la nomination du premier Consul. 2°. Par un conseil d'arrondissement, composé de onze membres, également à la nomination du premier Consul.

Sous-Préfet.

Les fonctions du sous-préfet qui sont les mêmes que celles des anciennes administrations municipales, se partagent en trois sections distinctes, dirigées par trois bureaux, à la nomination du sous-préfet.

Bureaux.

Le premier bureau est chargé de la répartition, de la poursuite, et du recouvrement des contributions directes et indirectes; 2°. de l'adjudication ou de la régie de l'octroi; 3°. de la comptabilité des communes; 4°. de l'administration des finances de l'arrondissement; 5°. de tout ce qui concerne les domaines nationaux.

Le second bureau régit 1°. la police civile administrative; 2°. ce qui concerne les lois sur la réquisition et sur la conscription ; 3°. la solde et les traitemens de retraite; 4°. les pensions des invalides; 5°. et tous les détails militaires.

Le troisième bureau a le département 1°. des travaux et établissemens publics ; 2°. des ponts et chaussées, canaux et navigation ; 3°. de l'agriculture ; 4°. du commerce; 5°. des manufactures, arts et métiers ; 6°. des beaux arts ; 7°. de l'instruction publique; 8°. des subsistances; 9°. des hospices et bureaux de bienfaisance ; 10°. des maisons de réclusion et prisons ; 11°. de l'état civil et de la population.

Nous pouvons observer que les attributions de ce bureau sont compliquées au point qu'il est bien difficile que la seule personne qui le dirige, joigne à l'esprit de détail et aux connoissances variées qu'il suppose, le génie d'ensemble et d'habitude qu'il exige. Ne seroit-il pas à propos de diviser ce travail?

Il y a près de la sous-préfecture un employé en chef, chargé de l'expédition des affaires générales et de la comptabilité.

Secrétaire ambulant.

Le préfet a aussi, par arrêté du 27 Pluviôse an 10, établi des secrétaires ambulans près de chaque sous-préfecture. Le but de cette institution est d'accélérer l'expédition des affaires et la marche des administrations municipales. Le secrétaire ambulant se transporte tous les mois dans chaque commune, près du maire; il confère avec lui sur les objets courans d'administration; examine l'état des chemins vicinaux; s'assure de la régularité de la tenue des registres de l'état civil et des archives. Cet établissement très-utile, très-ingénieux, peu dispendieux, est dû à la prévoyance éclairée

éclairée de M. Dieudonné, préfet actuel du nord (1803).

Conseil d'arrondissement.

Les conseils d'arrondissement tiennent par année deux assemblées. La première précède de quinze jours la réunion du conseil général. Le conseil d'arrondissement y exprime son opinion sur l'état et les besoins de l'arrondissement, et l'adresse au préfet; il donne son avis motivé sur les demandes en décharges qui sont formées par les villes, bourgs et villages; il reçoit du préfet et du sous-préfet dans son arrondissement, quand il y a lieu, le compte de l'emploi des centimes additionnels destinés aux dépenses de l'arrondissement. Cette assemblée ne peut pas durer plus de dix jours.

La seconde assemblée se tient cinq jours après la session du conseil général du département. Les conseils y font la répartition des contributions directes entre les villes, bourgs et villages. Sa durée ne doit pas excéder cinq jours.

Municipalité.

Elle est composée du maire, de trois adjoints et du conseil municipal.

Maire et Adjoints.

Le maire est chargé de l'exécution des lois administratives. Il la partage, dans la commune de Lille, avec trois adjoints, qui eux-mêmes s'adjoignent plusieurs citoyens et employés.

L'administration municipale comprend 1°. l'état civil; 2°. les contributions ; 3°. le département militaire et de police.

Secrétaire.

Un secrétariat général est organisé près de la mairie.

Archives.

On y a aussi institué des archives, établissement nécessaire et précieux dans une ville aussi ancienne et aussi recommandable. On trouve dans ce dépôt, entr'autres monumens précieux, 1°. les registres aux titres concernant les divers établissemens publics, depuis la fondation de Lille ; 2°. les chartes des privilèges accordés à la ville, tant par les comtes de Flandre et les rois d'Espagne, lorsqu'elle étoit sous cette domination, que par les anciens souverains de France ; 3°. plusieurs registres contenant les faits historiques les plus remarquables qui se sont passés dans Lille, en divers temps ; 4°. les statuts des anciennes corporations supprimées, ainsi que les ordonnances politiques, concernant les fabriques, manufactures et les différens corps d'arts et métiers ; 5°. recueil des ordonnances de police relatives à la sûreté publique, aux comestibles, à la salubrité de la ville; 6°. les registres aux fondations pieuses; 7°. un grand nombre de dossiers relatifs aux divers agrandissemens de la ville, aux canaux et rivières qui la traversent, à sa population, aux siéges qu'elle a soutenus et aux traités et capitulations qui en ont résulté, aux priviléges de ses habitans, à l'imprimerie, aux traités de paix et d'alliance; 8°. différens mémoires et manuscrits relatifs à l'établissement, dans ses murs, des chevaliers de l'épinette, leurs exercices annuels, la nomenclature de leurs rois, jusqu'à l'extinction de cet ordre; 9°. une quantité considérable de pièces qui intéressent l'état et la fortune des citoyens, telles que les registres aux actes de bourgeoisie, depuis 1291 jusqu'à 1792; registres auxquels les citoyens ont recours pour justifier leur filiation, à défaut d'actes de naissances, mariages et décès, dont on n'a commencé à tenir registre à Lille, que dans le seizième siècle; 10°. les actes de tutelle et curatelle, et les comptes qui les concernent; 11º. les registres aux rentes, tant sur les grandes et petites assennes, que sur la ville; 12º. les comptes des exécuteurs testamentaires, ceux des corporations supprimées, etc.

On ne s'est étendu sur les détails de cet établissement, qu'à cause de l'extrême utilité dont il peut être aux habitans de Lille; on s'occupe, depuis long-temps, d'une table générale alphabétique, pour faciliter les recherches qu'ils seroient dans le cas de faire.

Conseil municipal.

Le conseil municipal, composé de trente membres, s'assemble chaque année le quinze Pluviôse, et ne reste réuni que quinze jours. Il peut cependant être extraordinairement convoqué par le préfet. Il entend et débat les comptes communaux, règle le partage des affouages, délibère sur les besoins locaux, sur les procès à intenter ou à soutenir, et s'occupe, en un mot, de tout ce qui intéresse la commune. Le maire est président né du conseil municipal.

Commissaires de police.

Lille, divisée, comme nous l'avons dit, en six sections, a, pour chacune d'elles, un commissaire de police, qui lui-même a sous ses ordres deux appariteurs, ou préposés, répartis entre les sections.

Garde de police.

Indépendamment des appariteurs, le maire, pour maintenir le bon ordre et garantir les personnes et les propriétés, entretient une garde de police nocturne, connue sous le nom de *patrouille*. Elle est composée de vingt-sept hommes; neuf sont de garde chaque nuit, et parcourent continuellement les différens quartiers de la ville.

Pompiers.

Autant pour la conservation des édifices publics et particuliers, qu'afin de procurer, en cas d'incendie, des secours aussi prompts qu'efficaces, la mairie a cru devoir réorganiser le corps des pompiers.

Il est composé de cent onze hommes, choisis parmi les ouvriers en bâtimens, et divisé en deux compagnies, l'une active, l'autre de réserve. Une escouade de neuf hommes est de service chaque nuit. Outre les pompes en réserve, il s'en trouve quatorze déposées dans les divers quartiers de la ville, munies de leurs agrès et toujours prêtes à être mises en activité dans le besoin.

Enregistrement, timbre et domaines.

Cette administration est chargée 1°. de la perception et du recouvrement des droits d'enregistrement; 2°. du timbre, de la vente et du débit du papier timbré, et des recouvremens des droits qui en dépendent; 3°. des droits de greffe; 4°. des droits sur les hypothèques, l'inscription des créances et la transcription des actes de mutation et autres titres de propriété; 5°. des droits sur les cartes à jouer; 6°. des droits sur les voitures publiques, par terre et par eau; 7°. des droits de garantie sur les matières d'or et d'argent; 8°. de la perception des taxes sur les tabacs; 9°. du recouvrement des frais de justice; 10°. des amendes de toute nature; 11°. des revenus des biens saisis réellement; 12°. du recouvrement du prix des ventes des bois nationaux et de ceux des communes; 13°. de la régie et recouvrement de tous les revenus des domaines nationaux; 14°. de la vente et recouvrement du mobilier national; 15°. de la vente et recouvrement du prix des domaines nationaux; 16°. de la perception

perception de la taxe d'entretien des routes; 17°. de la liquidation des créances nationales.

Il y a à Lille, 1°. un inspecteur; 2°. un visiteur; 3°. trois receveurs, dont l'un pour les actes civils; le second, qui est aussi conservateur des hypothèques, est chargé de l'enrégistrement des exploits et domaines; le troisième, de l'enrégistrement des actes judiciaires. Le directeur est à Douai.

Il y a aussi à Lille, comme employés du droit de garantie sur les matières d'or et d'argent, un contrôleur, un sous-contrôleur, un receveur et un essayeur.

Forestiers.

Le 3e. arrondissement communal du nord, n'a de forêt importante que celle de Phalempin. Elle est composée de chênes, charmes, hêtres, frênes, trembles, bois blancs, aulnes et saules.

Il y a à Lille un inspecteur, un

garde-principal, un arpenteur et plusieurs gardes particuliers.

Contributions.

Il y a aussi un contrôleur de deuxième classe, ayant dans son arrondissement 48 à 50 villes, bourgs ou villages.

Ses fonctions sont de rédiger les matrices des rôles; d'*activer* et de surveiller tout ce qui a rapport aux contributions ; de faire les tournées que le service exige ; ainsi que toutes les vérifications que le préfet juge nécessaire, ou qui lui sont prescrites par le directeur.

Octroi municipal.

Il a été mis en régie interressée à Lille, ainsi que dans les principales villes du département. Le gouvernement nomme, près de cette administration, un commissaire-général.

Loterie nationale.

Lille est chef-lieu d'arrondissement pour la loterie nationale, et la résidence habituelle d'un inspecteur, qui a sous sa surveillance les bureaux établis dans le département du Nord; et de plus, deux bureaux à Tournay (Gemmappes), un à Courtray et un à Ypres (Lys).

Il y a à Lille cinq bureaux particuliers, au cautionnement de.... Ils sont numérotés 600, 601, 602, 603 et 604.

Hôtel des Monnoies.

Il fut établi en 1685, supprimé en 1793, et rétabli en l'an 4 de la république. Cet hôtel est doublé depuis dix ans, par l'acquisition qui a été faite des maisons de la rue à l'eau et de la place, pour y construire un second moulin et de nouveaux ateliers. Avant les augmentations, on y a fait pour près de cinquante millions en or. On y frappoit 10,000 écus par jour.

L'administration est composée, 1°. d'un commissaire national; 2°.

d'un directeur de la fabrication ; 3°. d'un contrôleur du monnoyage et d'un caissier.

2°. Corps judiciaires.

Juges de paix.

La principale fonction des juges de paix est de concilier les parties, qu'ils invitent, en cas de non conciliation, à se faire juger par des arbitres.

Ils sont à l'élection des citoyens de leur canton, qui les nomment pour dix ans.

L'élection des juges de paix a eu lieu, dans le département du Nord, le 30 Brumaire an 10.

L'arrondissement de Lille est partagé en cinq cantons, qui ont chacun leur juge de paix.

La population moyenne d'un arrondissement de juge de paix, est de 10,000 habitans; l'arrondissement n'en peut embrasser plus de 15,000.

La moyenne étendue territoriale

de l'arrondissement est de 250 kilomètres carrés; elle n'en comprend pas plus de 375, ni moins de 125.

Les cantons compris dans l'arrondissement de Lille sont 1°. le canton du nord-est, auquel ressortissent la partie N. E. de Lille et les villages de Fives, Hellemmes et Mons-en-Barœul; 2°. celui du centre, auquel ressortissent cette partie de la ville et le faubourg de la Madeleine; 3°. celui du sud-est, auquel ressortissent, avec cette partie, les villages de Faches, Lezennes et Ronchain; 4°. celui du sud-ouest, d'où relèvent ce quartier de la ville, ainsi que les villages d'Esquermes et de Wazemmes; 5°. celui de l'ouest, duquel dépendent, avec cette portion de la commune, celles de St. André, Lambersart, Marquette et Wambrechies.

Notaires.

Il y a Lille dix neuf cabinets de notaires cautionnés, au désir de la loi.

Tribunal de police.

Le tribunal de police se compose de la réunion des juges de paix. Chacun d'eux l'occupe, tour à tour, durant trois mois.

Le greffier est nommé par le premier Consul.

Un commissaire de police remplit près du tribunal le ministère public.

Tribunaux civils.

En matière civile, la constitution établit des tribunaux de première instance et des tribunaux d'appel.

Première instance.

Le tribunal civil de première instance, séant à Lille, est composé d'un président, d'un vice-président, de cinq juges, de quatre juges suppléans, d'un commissaire du gouvernement, de deux substituts et d'un greffier.

A cet établissement sont attachés

un certain nombre d'avoués et d'huissiers.

Il connoît en premier et dernier ressort des matières civiles, des matières de police correctionnelle; et prononce sur l'appel des jugemens rendus en premier ressort par les juges de paix.

Il est divisé en deux sections. La section civile tient ses audiences tous les jours, le jeudi excepté; la section correctionnelle les tient aussi tous les jours, hormis le jeudi, où elle s'occupe des expropriations forcées, comme la section civile agite, le jeudi, les affaires à bureau ouvert.

Commerce.

Lille possède aussi un tribunal de commerce, composé d'un président, de quatre juges et d'un greffier. La plupart des affaires qui sont portées devant lui, ont pour objet le payement de billets à ordre ou de marchandises livrées.

Les tribunaux d'appel, criminel

ordinaire et criminel spécial, siégent à Douai.

Jurés.

Les jurés, désignés par le juge de paix dans son arrondissement, en nombre triple, sont réduits aux deux tiers par le sous-préfet, et à moitié par le préfet. De cette moitié se forme la liste générale, qui se divise en listes partielles d'arrondissement, lesquelles sont envoyées tant au président du tribunal criminel, qu'à chaque directeur du jury d'accusation.

3°. FORCE ARMÉE.

Elle se compose de la garde nationale sédentaire et de la garde nationale en activité. Cette dernière est formée par tous les citoyens, ou fils de citoyens en état de porter les armes.

16e. *Division militaire.*

Elle comprend les départemens du Nord, de la Lys et du Pas-de-

Calais. Son état-major est à Lille. Il est composé d'un général de division, d'un adjudant-commandant, chef de l'état-major, de plusieurs aide-de-camp du général divisionnaire, et d'un payeur général.

La place de Lille est commandée par un général de division.

La citadelle est commandée par un chef de bataillon.

Le soin de l'artillerie est confié à un directeur, qui a sous lui plusieurs officiers. Celui du génie l'est à un directeur des fortifications. Lille est aussi la résidence de plusieurs commissaires des guerres, tant pour la police de la garnison, que pour celle de l'hôpital militaire et des vivres.

La garnison de Lille, toujours considérable, varie suivant les mouvemens généraux des troupes, et la situation de paix ou de guerre de la République.

L'hôpital militaire est régi par un conseil d'administration, et confié à plusieurs officiers de santé. On y professe toutes les parties de la science médicale.

Il y a près de la divison deux conseil de guerre et un conseil de révision. Ces conseils tiennent leurs séances à Lille, et sont renouvellés chaque mois. Il sont formés par les officiers des corps composant la division.

Il y a à Lille un lieutenant de gendarmerie, un maréchal des logis, un brigadier et huit gendarmes.

La ville de Lille est comprise dans la deuxième cohorte de la légion d'honneur.

§ IV. Institutions économiques.

Les institutions économiques sont au corps social, ce que sont au corps humain le sang et les humeurs. Elles y font circuler la vie, tantôt en y promenant des sucs nutritifs ou réparateurs; tantôt en le purgeant par des sécrétions.

La plupart des établissemens, dont nous venons de parcourir la nomenclature, sont communs à

Lille, comme à presque toutes les villes de l'empire ; ceux qui tiennent à l'économie, ont quelque chose de plus particulier, de plus personnel et de plus relatif au caractère des habitans de cette interressante commune. Si la nature leur a refusé le génie inventif, qui quelquefois devient si préjudiciable, même à celui qui le possède ; moins prodigue et plus sagement généreuse, elle leur a donné cette industrieuse pénétration qui applique à des objets sérieux et solides toutes les facultés de l'entendement. Peu de villes pourroient offrir des cultures plus variées, plus florissantes et plus lucratives. Le commerce y étend aussi de tous côtés ses branches chargées de fruits. Nous allons entrer dans quelques détails relativement à ces deux grandes divisions de l'économie sociale, qui sont aussi par un résultat nécessaire, les sources sûres et intarrissables de la prospérité publique.

1°. *Agriculture.*

C'est aux agriculteurs lillois que la France doit l'emploi de la gadoue; certes, il est avéré que cet engrais a la propriété de féconder, d'une manière presque incroyable, le sol même le plus stérile. N'y auroit-il cependant pas, sur l'emploi qu'on en fait dans les environs de Lille, quelque observation à faire ? Je soumets celles-ci aux agronômes expérimentés qui habitent ce pays. N'est-il pas à craindre d'une part, que les miasmes méphytiques qui émanent des fosses d'aisance, des transports de la gadoue, de ses dépôts, soit dans les batelets de communication, soit dans des excavations pratiquées à la lisière des champs, aussi bien que du mélange qu'on en fait avec l'humus végétal; n'est-il pas, dis-je, à redouter que ces particules, incessamment agitées, n'imprègnent l'atmosphère d'influences putrides, plus dangereuses encore dans un climat vicié ? d'un autre côté, l'usage continuel que l'on fait de cet engrais, ne peut-il pas déterminer à une pourriture plus rapide un sol qui éprouve, par sa nature, une tendance marquée à la dissolution ? Enfin, les végétaux qui croissent au milieu de cette fange, n'y contractent-ils pas, outre des saveurs fastidieuses, quelques qualités nuisibles ? Ne seroit-ce pas à l'une de ces trois causes, ou à toutes, qu'il faudroit attribuer quelques-unes des maladies qui affligent les habitans de Lille ? Plus la température sous laquelle ils respirent est froide, humide et nébuleuse ; plus le sol qu'ils occupent est marécageux ; plus aussi ils doivent s'éloigner des pratiques qui donneroient à ces mauvaises influences plus d'activité. Je n'ignore pas que, considérée isolément, la gadoue renferme une huile essentielle très-chaude et des sels très-pénétrans ; mais je crains qu'après avoir d'abord produit tout leur effet sur une première végétation, ils ne soient neutralisés par leur amalgamme avec un sol phlégmatique et pourri. Le mélange, ce me semble, pourroit être tempéré par l'union de quelques terres marneuses et siliceuses; méthode excellente, recommandée par l'abbé Rozier, Arthur Young et des praticiens expérimentés; méthode d'ailleurs que les lillois eux-mêmes ont adoptée, relativement à la terre glaise, qu'ils divisent avec ces substances, ainsi qu'au moyen de la chaux, des cendres de tourbe et de boues. Ces infatiguables cultivateurs réchauffent aussi leurs terres, trop souvent froides, par des fientes de pigeon, amassées ou achetées à grands frais. Ils ont ajouté au travail préparatoire de la charrue, les manipulations détaillées de la bêche. Ils connoissent l'art de multiplier les engrais, en établissant des pâtures dans leurs prairies, et de multiplier le bétail par les prairies artificielles. Ce sont, ajoute un observateur, ce sont les cultivateurs des environs de Lille qui ont, les premiers, empruntés des Belges, leurs voisins, la charrue appellée *Brabant*, qui, par sa forme légère, ménage les chevaux et double le travail. Leurs champs produisant de grasses moissons, sous les dômes majestueux de leurs belles avenues, détruisent victorieusement le préjugé élevé contre les plantations des propriétés rurales.

Le territoire de Lille produit du froment barbu, ou non barbu; du méteil; de la painelle, de haricots, des colzas, des œillettes, de la camomille, du lin, du tabac, du houblon, des navets, des carottes pour les chevaux, de la disette, du choucollet, du trêfle, de la luzerne, du foin, et de toutes pâtures grasses.

Le lait des environs de Lille est bon, mais peu parfumé; le beurre n'y paroît pas contenir une juste proportion entre l'oléagineux et la substance caséeuse. La première domine un peu trop.

Le lait de beurre, ou *lait-batu*, est appéritif, raffraîchissant et légérement purgatif. Les lillois en font beaucoup d'usage.

Les plantations reprennent faveur; elles sont commandées par la nécessité et protégées par l'administration. Quand seront réparés les dégâts causés par l'irruption des armées, et les ravages peut-être plus grands, et sur-tout plus continuels, du brigandage et de la malveillance?

La chasse, que l'anarchie avoit convertie en braconnage universel, faisoit jadis une partie des plaisirs de quelques lillois. Maintenant les forêts sont dépeuplées. Dans celle de Phalempin, la plus considérable du troisième arrondissement, on trouve à peine quelques lièvres; les renards sont plus communs, mais la grande bête est anéantie.

2°. *Commerce.*

Il a été établi à Lille un conseil d'agriculture et de commerce, dont la mission est de présenter au gouvernement des vues utiles, tant sur
le

le commerce, que sur tout ce qui peut tendre à l'amélioration de l'agriculture et au perfectionnement des arts. Ses fonctions sont purement consultatives et confidentielles. Il est composé de neuf membres, pris parmi les négocians.

La bourse de Lille est dans l'ancien local. Elle a douze agens de change, au cautionnement de six mille francs, et dix courtiers.

C'est principalement vers le commerce que se dirigent tous les efforts et toute l'industrie des lillois. Aussi en embrassent-ils une foule de branches. La ville compte beaucoup de manufactures, un très-grand nombre de marchands, et un plus grand d'ouvriers. On y fabrique des draps de presque toutes les qualités, des pinchinats, des serges et ratines, des étamines, des callemandes larges, étroites, rayées et à fleurs de toutes couleurs; des camelots larges, étroits, unis, rayés, de toutes espèces.

On trouve dans la ville des magasins considérables de toile de ménage de toutes qualités, des toiles unies, ouvrées, de tout dessins et de toutes couleurs, pour faire des habillemens, des meubles et des garnitures de lits; des coutils damassés, à fleurs et unis; du linge de table de toutes sortes; des dentelles, à l'imitation de celles de Valenciennes et Malines; des toiles-peintes; plusieurs fabriques de poterie et faïancerie; une de porcelaine; on y teint en toutes couleurs et de toutes qualités.

La ville de Lille commerce avec l'intérieur de la France, d'où elle tire ses vins, eaux-de-vie et autres liqueurs; des confitures, des fruits secs, des huiles, des gazes, des galons, des draps, des étoffes de laine, des articles de mercerie et clincaillerie, des livres, du papier, de la cire d'Espagne, de la bougie, des chapeaux, des bas, des perruques, des armes, des velours, des rubans, des objets de mode; elle lui envoie des lins, des toiles et des fils de lin, des dentelles, du beurre, des huiles de colza, et des étoffes de laine de ses manufactures.

Avec la Hollande, d'où elle tire des draps communs, du poisson salé, des épiceries, des drogues, des huiles de baleine, des teintures, des bois de tour et de bâtisse, des minéraux, des papiers d'impression et de bureau, des pipes, des tabacs; elle lui envoie des colzas, des ouvrages de saïetterie et des toiles écrues.

Sans continuer cette prolixe nomenclature, il suffit de se persuader que l'importance dont est Lille dans le système commercial de l'Europe, en rend tous les empires correspondans, ou tributaires, avec lesquels d'ailleurs elle fait un échange continuel des productions de son territoire, ou des résultats de son industrie. Les villes avec lesquelles elle paroît avoir, depuis la révolution, renoué des liens de commerce, sont : Londres, Amsterdam, Hambourg, Altona, Francfort, Leipsick et Berlin.

Navigation de la Deûle.

La navigation de la haute et basse-Deûle, et du canal de Labassée, est guidée par un conseil de sept membres; il est présidé par le préfet qui en a l'administration en chef, et à qui il présente tous les projets utiles à cet établissement.

On pêche dans la Deûle l'anguille, la brême, le brochet, la carpe, la loche, le barbeau, la lotte, etc. La vase qui filtre avec les eaux de cette rivière communique à ses poissons une saveur fade et bourbeuse.

Télégraphe.

Il a été établi en 1793, dans le département du Nord, une ligne télégraphique de Paris à Lille. Elle est composée de dix-sept stations; il y en a une établie à Lille, sur la tour de l'église Ste. Catherine.

Postes aux Lettres.

Le département du Nord a un inspecteur de la poste aux lettres, en résidence à Lille. La surveillance de cet inspecteur s'étend, en outre, sur les départemens de la Lys, de l'Escaut et de Gemmappes.

Le bureau de Lille correspond avec les bureaux externes du département de la Lys, et avec ceux de la république batave.

Poste aux Chevaux.

Il y a à Lille quatre relais de la poste aux chevaux ; 1°. de Lille à Orchies ; 2°. de Lille à Tournay ; 3°. de Lille à Arras ; 4°. de Lille à St. Omer.

L'arrêté des Consuls du premier Fructidor an 8, désigne Lille comme lieu de logement militaire pour les troupes en marche.

Diligences.

Lille a aussi des établissemens de diligences, de messageries et de barques publiques, par lesquels elle communique, par terre et par eau, avec les villes et lieux circonvoisins.

CHAPITRE III.

Lille, place forte.

Fortifications.

L'Enceinte tracée par les remparts autour de la ville de Lille est un ovale d'environ 1200 toises dans sa plus grande longueur, sur 600 de large. Nous avons dit qu'elle étoit percée de sept portes, savoir : au nord, celle de St. André, ci-devant appellée royale, parce qu'elle a été ajoutée dans l'agrandissement fait en 1670, par Louis XIV. Au levant, les portes de la Madeleine, de St. Maurice et de Fives. Au midi, celle des Malades. Au couchant celles de Notre-Dame et de la Barre. La citadelle est assise au couchant.

Commençons par la droite de la citadelle, la description des différens fronts qui entourent cette place.

Entre la citadelle et la porte St. André, il n'y a qu'un demi-front, auquel joint la communication; il est couvert par des ouvrages extérieurs qui s'étendent jusqu'au pied de l'innondation, dont, dans certaines circonstances, on entoure la citadelle.

A droite de la porte de St. André, est un bastion couvert par un ouvrage à cornes. Le front d'ensuite couvre la porte d'eau, par où la Deûle sort de la ville. On le nomme des tenaillons, parce qu'il y a en avant deux espèces de ces ouvrages. Les deux bastions du corps de la place sont fort vastes et susceptibles d'être retranchés par la gorge. On trouve ensuite le front de la Madeleine. C'est au bastion de la gauche de ce front, que se termine l'agrandissement fait par M. de Vauban, en 1670. On doit admirer l'ouvrage à cornes qui couvre le front de cette porte; c'est un des plus beaux ouvrages de fortifications de la ville. Il couvre de ses feux le front d'ensuite ; il y a aussi des cavaliers sur le terre-plein des bastions ; celui de la gauche qui existoit lors du siége fait par Louis XIV, en 1667, a beaucoup servi à la défense.

La porte St. Maurice, qui est dans le front joignant celui dont nous venons de parler, a remplacé l'ancienne porte dite des *Renneaux* de la première enceinte de la ville. Les deux bastions de ce front sont vastes : sur celui de la gauche est un cavalier, dont les feux plongeans seroient très-avantageux pour la défense. Ces bastions sont couverts par beaucoup d'ouvrages. De la porte St. Maurice à celle de Fives, l'ancien corps de place étoit fort irrégulier, quoique d'ailleurs il put être protégé par une innondation qui ne seroit pas susceptible de saignée. En ajoutant plusieurs ouvrages extérieurs on a mis ce front en état de se passer de l'innondation et d'être, indépendamment d'elle, un des plus forts de la place.

La

La porte de Fives est dans le front suivant; elle a été ordonnée par Louis XIV. On voit dans la gorge du bastion de la droite de ce front, l'ancienne porte dite de Fie ou de Fives, du nom du village où cette porte conduit. C'est par-là que Louis XIV prit la ville, en 1667; c'est aussi sur ce point, qu'en 1792, les Autrichiens avoient dirigé leurs batteries.

Le bastion qui suit porte le nom de la Noble-Tour, comme reste des anciennes fortifications des comtes de Flandre; c'est aujourd'hui un magasin à poudre. Le bastion qui existe a été construit par les espagnols; mais l'ouvrage à cornes qui le couvre est du maréchal de Vauban. Une partie des pièces qui l'accompagnent est minée; ce qui, de ce côté, ajoute à la défense. C'est la gauche de la tête que forme la ville de ce côté. Cette tête contient deux fronts séparés au milieu par le petit fort de St. Sauveur, lequel a été construit en 1671, et fermé du côté de la ville. Il est couvert par une contre-garde, et des demi-lunes sur les courtines.

La porte des malades, en face de la rue du même nom, est l'entrée du côté de la France. Nous avons dit qu'elle étoit décorée d'un des plus beaux morceaux d'architecture qui existent dans ce genre. Le bastion à droite de cette porte est couvert, comme celui de la gauche de ses fronts, d'un très-bel ouvrage à cornes. Le corps de place, entre ce bastion et la porte Notre-Dame, a été considérablement rectifié; on y a ajouté un bastion et plusieurs ouvrages.

De la porte de Notre-Dame à la citadelle, il n'y a que deux fronts, dans l'un desquels est l'entrée des eaux dans la ville et la porte de la Barre. Cette partie est défendue par des bastions détachés, et de plus couverte par la grande inondation qu'on peut opérer avec la Deûle; laquelle met sous l'eau tout le pays à plus d'une demi-lieue en avant, entourre la citadelle et va se terminer à la chaussée de la porte St. André.

La digue, construite en 1699, part de la porte Notre-Dame, court jusqu'à celle de la Barre, et défend la ville de l'inondation. L'intérieur est une sorte de camp retranché, que l'assiégé peut inonder à volonté. La digue, telle qu'elle est aujourd'hui, présente une petite promenade agréable.

Citadelle.

La citadelle est séparée de la ville par une vaste esplanade, dont une partie étoit plantée de tilleuls abbattus dans la dernière guerre, mais qu'on vient de replanter pour en faire une promenade. Nous avons vu, qu'au dehors, cette forteresse étoit environnée d'une inondation qui la rendoit respectable. Sa position est telle, qu'on ne peut l'attaquer qu'après la prise de la ville; ce qui, comme on le sent bien, lui donne une force presqu'indomptable. M. de Vauban, dont elle est le chef-d'œuvre, la lui a d'ailleurs assurée par toutes sortes de moyens. Il lui a donné la forme d'un pentagone, parfaitement régulier, avec beaucoup d'ouvrages sur chaque front. Les fossés sont larges, très-profonds et bien entretenus. Sur plusieurs des bastions, il y a des cavaliers, sous lesquels sont des casemates pour, en cas de siége, abriter la garnison du bombardement. Les remparts fort larges et bien plantés offrent une promenade d'autant plus riante, qu'elle forme, par son aspect, un contraste avec la sévérité de l'appareil environnant. L'intérieur est occupé par deux rangs de bâtimens, qui comprennent des corps de casernes, plusieurs pavillons et magasins. La place d'armes, dont nous avons dit un mot plus haut, est d'une belle régularité.

On voit, par cette description, que nous avons rendue sèche, afin qu'elle fût plus exacte ; on voit que Lille peut être considérée comme une des places les plus fortes de la république. La répartition de ses forces est si juste, qu'elle ne présente aucun front plus foible l'un que l'autre. D'un autre côté, son étendue est si considérable, qu'il faudroit une innombrable armée pour en faire la circonvallation. Enfin elle a autant de ressources pour se procurer des vivres et munitions, en cas d'attaque, qu'elle a d'espace pour loger une nombreuse garnison.

Tous ces avantages, inappréciables, lorsque Lille étoit extrême frontière, sont presque nuls maintenant que la valeur française l'a reculée dans l'intérieur. Cependant le service s'y fait avec régularité; et si l'on en excepte les fortifications, dont l'entretien pourroit être moins négligé, peu de choses sont changées dans son régime militaire.

Deûle, rivière.

Nous avons dit que la rivière qui baignoit Lille, se nomme la Deûle.

Elle prend sa source entre Lens et Labassée, à cinq lieues audessus de Lille, et va se jeter dans la Lys, près Deûlemont (mot flamand qui signifie *embouchure de la Deûle*), à trois lieues audessous.

Canal.

Le canal, dit de Douay, est une jonction de la Scarpe à la Deûle qui charie les bateaux venant de Douay ou de Condé, et va se perdre dans la Lys, après un cours de deux lieues audessous de Lille. Outre ce canal, il y en a plusieurs autres qui baignent les rues de la ville et qui se réunissent tous dans la basse-Deûle, avant sa sortie. Au moyen de ces différentes irrigations, la navigation est plus prompte et facilite davantage le commerce. Lille est ainsi devenue l'entrepôt de toutes les marchandises pour la Flandre. Ses relations ont pris encore plus d'essor depuis la construction du canal d'Aire à St. Omer, par lequel elle communique jusqu'à Dunkerque.

Casernes.

Il y a des casernes presqu'environ toutes les portes. Les plus belles sont celles de la Madeleine, de S. Maurice et de St. André. Ces dernières sont remarquables par leurs écuries toutes voûtées, et par la juste proportion des façades et la belle distribution de l'intérieur.

Exercices militaires.

Sur l'esplanade est un beau manège pour la cavalerie, et non loin de-là, une vaste salle pour les exercices de l'infanterie.

LIVRE TROISIÈME.

CHAPITRE PREMIER.

TABLEAU MORAL.

Un amas d'édifices, dont les uns, élevés par l'opulence, étalent sur leurs colonnes de marbre des entablemens dorés; et dont les autres, asiles des infortunés, semblent se dérober sous leurs toits de chaume; cette réunion de bâtimens, disons-nous, ne forme point une ville; elle n'en est que la charpente. Il faut des habitans pour lui donner le mouvement et la vie.

Ici change, pour l'observateur, le point de vue et l'objet des remarques. Jusqu'alors, soit en fouillant les débris historiques, soit en examinant les monumens actuels, il n'a fait que crayonner des formes matérielles : pour les voir, il ne falloit que des yeux exercés ; pour les saisir, qu'une main sûre. Maintenant, qu'il s'agit de descendre dans les ames, pour en extraire les affections intimes et les sentimens secrets, le contemplateur auroit besoin de joindre à une sagacité peu commune, une exacte justice d'intentions et une immuable rectitude de jugement. Doué de la première de ces qualités, il ne se contenteroit pas d'effleurer la superficie des objets, mais il les envisageroit sous tous leurs rapports. Avec un entendement sain, il les verroit comme ils sont ; et un cœur simple l'empêcheroit de les dénaturer en les énonçant.

De ces attributs précieux qui constituent le penseur, si les uns me manquent en partie, j'ose du moins réclamer entièrement le dernier. Il m'a servi de guide dans la recherche curieuse, dont ce livre sera le résultat. Les matériaux que j'avois amassés pour le composer, auroient facilement formés un volume; car qu'y a-t-il de plus susceptible de détails, que l'étude du cœur et de l'esprit? Mais il a fallu borner à une esquisse le sujet d'un vaste tableau. J'en vais parcourir les traits caractéristiques, en les asservissant à un ordre qui sauvera leur foiblesse. Heureux, si en dévoilant un coin du miroir de la vérité, je puis être utile au grand nombre sans offenser le plus petit, et interresser les gens de bien sans contrister personne !

Une ville aussi importante que Lille, et dont l'influence se prolonge sur un rayon fort étendu, offre, dans son assemblage, un spectacle animé et piquant.

Quoique l'on doive regarder le commerce comme le principe de son existence, il est encore d'autres intérêts, qui, accélérant ou croisant ceux de ses spéculations en ralentissent ou en augmentent le mouvement. Ici, des propriétaires savourent, dans une indolence souvent ennuyée, les monotones plaisirs d'une vie trop paisible. Là, des capitalistes calculateurs partagent entre les additions de leurs comptoirs et la pipe des estaminets, leurs journées perpétuellement uniformes. Des prêtres, déposant aux pieds des autels, leurs passions et leurs malheurs, y trouvent avec le calme de la conscience, les consolations de l'espoir. Les victimes de la tyrannie et des circonstances se consolent de leurs pertes, à l'aspect du bonheur dont le gouvernement commence à montrer le sourire. Des magistrats, entourés d'une considération nouvelle, travaillent à en augmenter le lustre, en joignant aux attributs de leurs fonctions, les vertus de leurs personnes. Des négocians, dont le nom traverse l'Océan ou la Méditerranée, pour décider à la Martinique ou à Madras, le succès des plus sérieuses opérations; ces négocians enrichissent leur ville des fruits du commerce, pendant que des virtuoses la décorent des fleurs de leurs arts. De tous côtés l'industrie multiplie ses efforts et augmente ses productions. Dans cette rue, retentit le bruit de la navette qui court parmi les trames, ou le cliquetis de la machine à bas qui forme cent mailles à la fois. Près de l'élégante modiste, qui agence gravement un chiffon *du dernier genre*, j'admire la patience de cette ouvrière, qui fait incessamment passer entre ses doigts agiles, vingt écheveaux d'un fil délié au bout duquel roule une phalange de fuseaux. Dans un autre ordre d'occupation, la roue du potier imprime à l'argile amollie des formes élégantes ou solides; sous les efforts redoublés du pressoir, l'huile coule à longs flots; d'énormes batteaux remontent péniblement la Deûle qui fléchit sous leur poids; et tandis que d'impurs gadouars promènent parmi les habitans, leurs engrais pestilentiels, les servantes, armées d'un spongieux balai, maintiennent sévèrement dans Lille, devenue française, l'antique propreté flamande.

De ce premier coup d'œil rapidement jeté, si nous descendons dans quelques détails, nous trouvons qu'ils se rattachent naturellement, chacun dans une classe qui lui est propre aux deux véhicules majeurs de l'homme intérieur, nous voulons dire, le cœur et l'esprit. Portons sur ces ressorts primordiaux de nos facultés le prisme de l'analyse, et, en en faisant l'application aux citoyens de Lille, établissons dans quel état sont chez eux l'intelligence et la moralité.

§ I. Intelligence.

Quoique nous soyons bien éloignés d'ajouter une créance absolue au paradoxe de Montesquieu, qui attribue à l'influence du climat, non seulement la charte politique des états, et leur législation morale, mais la constitution physique des individus; cependant, nous ne croyons pas devoir la rejeter en totalité, sur-tout pour ce dernier objet. En effet, si un ciel brûlant, relâchant les fibres, porte dans le fond des ames, avec le sentiment de la molesse, la soif des voluptés qui en est presque toujours la suite; une température âpre et froide, en même-temps qu'elle resserre les pores et tend les nerfs, doit communiquer au cœur je ne sais quelle austérité qui peut dégénérer en rudesse. Par la même raison, si le doux ciel de la Touraine ou le brillant climat de la Provence, en teignant des plus vives nuances, ou en imbibant des plus délicieuse saveurs, les fleurs et les fruits de leurs parages, communiquent à l'espèce humaine les beautés physiques et l'excellence intellectuelle; une atmosphère nébuleuse, un territoire marécageux, défavorables à la végétation et singulièrement à la maturité, ne peuvent-ils pas influer, à peu près dans la même proportion sur l'organisation des cervaux et sur les développemens de l'ame ? Non pas, que je prétende que celle des lillois, réduite à des impulsions purement végétatives, soit peu susceptible d'élancemens spontanés; mais parce qu'une longue expérience a prouvé qu'elle les dirigeoit plutôt vers un intérêt local, que par celui de cette philantropie chaleureuse qui ne connoît de bornes à son patriotisme, que celles de l'univers.

Voilà ce qui explique, d'une part, la constance avec laquelle ils ont maintenu durant plusieurs siècles le gouvernement de leurs comtes, et comment toutes les innovations, en matières sociales, leur sont odieuses; d'un autre côté, pourquoi leurs institutions, la plupart locales, ont été révérées si long-temps et si sérieusement, qu'elles ont survécu à une révolution qui a bouleversé l'Europe; enfin, en troisième lieu, comment, au milieu de cette même révolution, qui allumoit dans tant de cœurs l'enthousiasme des grands crimes et des grandes vertus, ils sont demeurés comme impassibles.

Si un tel tempéramment ne remplit pas le monde de fracas et l'histoire de pages héroïques, il est, du moins, la preuve d'un jugement sain, d'un caractère tranquille et d'un esprit plein de solidité; il est aussi la garantie de la paix, de la concorde, de l'abondance, et d'une aussi ample portion de bonheur, qu'il est permis aux hommes de la désirer.

C'est à ce caractère, secondé par la position topographique, qu'il faut attribuer l'antique et perpétuelle application des Lillois à tous les genres d'industrie. Comme les Hollandois, ils eurent d'abord et ils ont encore à lutter contre les élémens. Des eaux fétides circuloient sous leur territoire, dont elles hâtoient la dissolution; ils leur creusèrent un lit, et conquirent sur elles un sol susceptible de végétation. A la vérité, ils n'ont pu épurer l'air, que vicie sans cesse l'influence d'un climat chargé, pendant près de neuf mois, sur douze, de nuages orageux; ils ajoutent même à ses qualités malfaisantes,

malfaisantes, autant par la profusion qu'ils mettent dans l'engrais de la gadoue, que par l'usage de la tourbe et du charbon fossile : mais, du moins, est-il bien dans leur intention manifeste, d'en corriger l'intempérie par beaucoup de propreté. A cet égard, également éloignés de l'exactitude minutieuse, et pour ainsi dire, de la superstition des Hollandois, comme aussi de l'impardonnable incurie des Français, les habitans de Lille, généralement ennemis du luxe, mettent tout le leur dans la méthode du ménage et dans la symétrie domestique. Les métaux, dont leurs ustensiles sont fabriqués, présentent, dans leur composition commune, des formes sinon gracieuses, au moins très-commodes, et tout le brillant des plus précieux. Rien de plus flatteur à l'œil, que l'aspect d'une cuisine vaste et largement éclairée, où les vases de cuivre, classés graduellement, étincellent comme d'or fin, et où ceux d'étain, consacrés à la bière, ressemblent à l'argent. La plupart des ameublemens commencent à troquer leur primitive simplicité, contre l'élégance que Paris renouvella des grecs. Les repas, jadis abondans, mais sobres, se ressentent aussi des délices de Sybaris. Il seroit bien difficile que des événemens qui ont versé dans Lille une énorme masse de la population française, n'y eussent pas déposé quelques-uns de ses usages. Mais on peut prédire avec certitude, qu'à mesure, que s'effaceront les traces de cette irruption, les mœurs locales reprendront leur empire. Il en arrivera d'ailleurs de même de la plupart des anciennes provinces de la République. Bien que filles de la même patrie, et sœurs entr'elles, ne faut-il pas qu'elles ayent, chacune, leur caractère personnel? C'est de leur opposition, constamment modérée par un patriotisme raisonné, que naîtra l'harmonie uniforme, nécessaire à leur prospérité relative et à la tranquillité de l'Empire.

Mais considérons Lille sous des

rapports moins privés, en expliquant ici dans qu'elle situation s'y trouvent les trois grandes facultés de l'entendement.

La raison, d'où procèdent les sciences philosophiques, n'y a de vigueur que dans quelques-unes de ses branches; dans celles sur-tout dont les rapports sont presqu'immédiats avec l'industrie. Ainsi, quoique Lille compte quelques personnes éclairées ou studieuses, qui fassent de l'art de réfléchir et de raisonner, leur occupation principale; nous ne pourrions, sans injustice, avancer que les deux premières cathégories de la philosophie transcendante, la métaphysique et la logique, y sont dans un état de faveur. S'il faut l'avouer, le *traité des changes* est plus lu que la *recherche de la vérité*, et peut-être le nom de l'idéologue Kant, qui remplit toute l'Allemagne, y est-il inconnu. Il n'en est pas de même de la morale scolastique, dont nous prouverons plus bas, que l'application n'est point vaine, et dont nous pouvons assurer ici que l'étude n'est point illusoire. On trouve dans cette ville, plus d'un légiste habile, plus d'un jurisconsulte éclairé; soit que la jurisprudence concorde davantage avec le caractère et peut-être les besoins d'un peuple commerçant, soit que le voisinage d'une ville parlementaire ait communiqué son influence à celle que, par les relations litigieuses, elle avoit attiré dans son orbite. Quand à la politique générale, et à la branche qui lui fournit toute sa sève, l'économie, sans être brillante de fleurs, ou riches de fruits, on peut avouer qu'elles sont cultivées avec goût et profit. On y lit avec assiduité et réflexion les journaux les plus importans de l'Europe; et plus d'un café célèbre de la capitale se feroit honneur des décisions qu'ont portés, dans certaines occurences, les publicistes lillois.

De ce que le commerce est par eux révéré, il n'est pas difficile d'en déduire la conséquence qu'ils cultivent toutes les sciences de calculs : nous ajoutons qu'ils les cultivent avec un succès marqué. La théorie des changes, les tenues à parties compliquées, sont des jeux pour la plupart des simples commis marchands. Plusieurs même, peut-être à la vérité plus par routine, que par combinaisons, ont trouvé des procédés d'algèbre ou d'arithmétique, dont l'usage simplifie singulièrement certaines opérations. On a aussi appliqué cette doctrine du perfectionnement, non pas à la manière des sages modernes, à la régénération des gouvernemens, mais seulement à la mécanique. Il seroit à désirer, que dans cette partie interressante, les efforts eussent été plus multipliés.

Plusieurs officiers de santé, aussi recommandables par la pureté de la doctrine qu'ils professent, que par l'humanité avec laquelle ils en font la distribution, continuent à rectifier dans Lille les innombrables abus que le charlatanisme, aidé de l'ignorance, y avoit introduits. Les méthodes de l'école y sont tentées aussitôt que transmises: l'expérience de l'innoculation de la vaccine, entre autres, s'y répète chaque jour, au triomphe de l'art et au soulagement de l'humanité.

Peut-être pourroit-on demander aux docteurs lillois, qu'après avoir long-temps observé les maladies périodiques, qui, de temps immémorial, affectent leur ville, ils établissent, sur leurs remarques, un corps de doctrine locale et de traimens plus particulièrement spécifiques. Cela seroit-il dans l'intention de quelques médecins d'Avesnes et de Douay, qui, durant plusieurs années, ont dressé et publié des tables de constitution médicale, lesquelles comparées aux annotations météorologiques, ne seroient pas inutiles à la théorie que nous désirons?

Dans les sciences physiques, proprement dites, on doit citer comme très-florissante l'agriculture générale, dont nous avons fait plus haut un éloge mérité ; la botanique, qui compte, sous un maître célèbre, des disciples nombreux ; le jardinage, très-remarquable par des procédés d'un genre neuf et d'une utilité reconnue ; la culture des fleurs, objet d'agrément, dont le Lillois a su faire une branche de spéculation ; et la chimie, qui fournit aux arts et aux métiers des dissolutions, des teintures et des sels.

Voici des trois principales facultés de l'intelligence, celle qui trouve chez les Lillois les développemens les plus étendus et les plus satisfaisans. Nous voulons parler de la mémoire, d'où dérivent toutes les connoissances acquises, toutes les sciences de ressouvenir. Celles-ci, en général, fleurissent dans Lille, au caractère particulier de laquelle elles conviennent spécialement. On y trouve en conséquence des amateurs de l'histoire et un assez grand nombre d'érudits. Les géographes instruits y sont moins rares que dans beaucoup de villes d'une population supérieure; et toutes les discussions savantes qui occupent les illustres de la capitale, trouvent dans Lille des antagonistes et des défenseurs.

Une observation que nous relevons avec peine, mais qui frappe généralement tous les étrangers, c'est que la langue française, qui y est peu ou mal étudiée, y est parlée avec beaucoup de négligence, et même d'impureté. Ses principes les plus simples, son usage même le plus commun, semblent méprisés ou ignorés; on en corrompt la plupart des termes, on en détourne l'acception; sur-tout on les mêle d'expressions triviales ou tudesques, quelquefois même des mots dérivés du patois picard et du dialecte walon. Joignez à ces écarts des intonations chantantes, des inflexions cadencées, des désinences interrogeantes et une foule d'expressions surannées, populaires, impropres et

même

même bizarres. Nous ne parlons pas ici de l'idiôme dont se servent les classes inférieures; c'est un amalgamme grossier du patois de Picardie et de l'ancien Walon, parmi lequel on retrouve quelques mots de flamand.

L'application du double moyen que la nature nous a donné pour comparer et pour nous ressouvenir, est sensible dans l'invention ou dans le perfectionnement de l'industrie lilloise. Quoique toujours susceptible de nouveaux progrès, elle est arrivée au point de soutenir la comparaison avec les plus renommées. Avant le bombardement, elle s'occupoit par prédilection, de la fabrication des camelots, de moquettes et des velours dit d'Utrecht. Les camelots, dont les uns étoient unis, s'employoient en habillemens, et dont les autres gauffrés, passoient chez l'étranger. Il existe encore plusieurs manufactures de velours et de moquettes, aussi bien que de ces tapis damassés à chaîne de fil, trame de laine, dont on se sert en Flandre et en Hollande comme linge de table.

Mais deux branches importantes de commerce, et les deux véritables sources de l'opulence de Lille, sont l'exploitation des huiles et la manufacture des filteries. Quelques détails à ce sujet n'ennuyeront pas nos lecteurs.

Les champs qui environnent immédiatement la ville, sont, en très-grande partie, couverts de colzas ou de pavots. De la graine des colzas, on exprime de l'huile à brûler ; de celle des pavots, l'huile qu'on appelle d'œillette, et avec laquelle souvent à Paris, on remplace l'huile d'olive. Autour de Lille, singulièrement du côté de la porte des Malades, on voit un nombre immense de moulins à vents, consacrés à la mouture de ces graines et à l'extraction des huiles. Le faubourg des Malades, très-populeux, fait circuler, en grande partie, par cette spéculation, plus d'un million annuellement.

Les filteries sont des ateliers où l'on prépare les fils à fabriquer la dentelle, à tricoter, à broder et à coudre. Dans les campagnes environnantes, on emploie à filer le lin les longues soirées d'hiver. Des courtiers, qu'on nomme *musquiniers*, l'achètent des fileuses, qui le leur livrent roulé sur des bobines. Distribué en écheveaux par les musquiniers, les fils, encore bruts, c'est-à-dire, ni blanchis, ni retors, mais seulement filés depuis la plus grosse espèce jusqu'à la plus fine, sont apportés au marché de la ville. Les filtiers s'en approvisionnent et donnent, dans leurs ateliers, les préparations convenables aux fils qui doivent rester bis, à ceux qui sont destinés à la teinture, et à ceux que l'on blanchit. Dans ces différentes classes, on fait des fils retors à deux ou à trois brins; parmi les fils blancs, les fils plats et les fils à tricoter reçoivent des préparations particulières. Ceux qu'on a disposés à la teinture sont envoyés à Lyon pour la recevoir, quoiqu'en adoptant certains préparatifs relativement aux eaux, on pût sans doute la leur donner à Lille.

On distingue entre les fils blancs environ trois cens grosseurs différentes, depuis le fil le plus fort jusqu'au plus délié, qui est celui dont on se sert pour raccommoder la dentelle : sa finesse surpasse de beaucoup encore celle du fil qu'on emploie à la fabrication de cette marchandise.

La première opération qui se fait dans les filteries, consiste à dévider les écheveaux sur des bobines, en réunissant deux, trois ou quatre brins simples. Ensuite on les retors au moyen d'une mécanique, qui les reporte des bobines sur les dévidoirs, pour en former de nouveaux écheveaux. Les fils qui doivent rester bis n'ont pas besoin d'autres préparations ; les fils destinés à la teinture passent à une lessive pour les dégraisser ; les fils destinés au blanchissage sont envoyés à des blanchisseries, sortes d'établissemens distincts des filteries. Ces blanchisseries emploient, presque toutes, le procédé de M. Chaptal.

Chaque filtier a sa marque, qui consiste en un ou plusieurs nœuds à la centaine. Au retour du blanchissage, on fait l'examen, écheveau par écheveau, pour s'assurer qu'il n'y a pas de fils d'une autre manufacture. On procède ensuite au battage des fils. Pour cette opération, on réunit plusieurs écheveaux, on les étend sur un marbre, et on les y frappe avec une batte très-lisse. Il s'agit de les dépouiller de leur duvet et de les rendre plus souples. D'autres ouvriers examinent les écheveaux un à un, pour voir s'il n'y a pas de fils cassés, ou de fils qui aient été brûlés, lors du blanchiment.

A la suite de ces préparations, les écheveaux sont assemblés en nombre suffisant pour former les paquets, que l'on compose tous à peu près du même volume et du même poids. La vente s'en fait à la grosse, c'est-à-dire, par douze douzaines d'écheveaux, dont chacun a trente ou quarante tours, suivant la qualité des fils. Les paquets pèsent une demi-livre, et sont marqués sur l'enveloppe du timbre du fabricant.

C'est singulièrement dans les travaux de l'imagination, cette troisième et brillante faculté de l'être intelligent, que le génie lillois montre sa stérilité. Réfléchi, solide, calculateur, par la raison que toutes ses idées se tournent vers l'utile, qui ne demande qu'un jugement sûr et un sens droit, il étoit difficile qu'il sacrifiât à l'agréable, qui peut-être exige aussi ces qualités, mais qui les exige moins qu'un esprit vif et prompt, une perception fine, une imagination rapide et une élocution prompte et exercée. Il ne faut pas croire cependant que toutes ces qualités manquent aux habitans de Lille; certains arts qu'ils cultivent avec succès prouvent au contraire qu'ils en sont doués, au moins en partie, mais mieux sans doute pour en apprécier les résultats, que pour remonter à leurs élémens et pour produire. Par exemple, on ne sauroit dire que la poésie, ni la musique y jouissent d'une fortune brillante; cependant elles y ont des admirateurs sincères et éclairés ; la dernière sur-tout y compte plus d'un amateur très-instruit.

Relativement à la peinture, Lille, voisine de la célèbre école de Flandre, et qui, avant la révolution, possédoit plusieurs morceaux de ses maîtres, Lille chérit encore et pratique avec goût ce bel art. Nous n'en dirons pas autant de celui de la déclamation, qui n'y est nullement apprécié. Vainement les troupes d'artistes dramatiques se recruteroient-elles de sujets d'élite ; leurs représentations seroient peu appréciées et leurs efforts mal récompensés.

Nous avons déjà fait remarquer, qu'en général, l'architecture perdoit, sous la main des Flamands, ses formes nobles et élégantes. On peut se convaincre de la justesse de cette observation, en jetant un coup-d'œil sur les bâtimens en général, et plus particulièrement sur quelques édifices que nous avons indiqués.

Somme totale, le caractère individuel des Lillois a plus de consistance que d'apparence, plus de solidité que d'éclat, et plus de réflexion que de saillie. Le jugement qui les domine, les dirige vers des spéculations lucratives, plutôt que vers les projets brillans. Ils calculent avec lenteur, entreprennent en hésitant, travaillent avec opiniâtreté, et, quoiqu'échauffés par les succès, ils ne se découragent point par les revers. Il suit de cette donnée élémentaire, que leur moralité doit s'accorder avec les principes généraux de l'ordre social et le respect qu'on doit aux intérêts particuliers. C'est ce que nous allons démontrer en peu de mots.

§ II. Moralité.

Elle se fonde sur le caractère; elle se manifeste par les passions; elle s'établit par les opinions.

La révolution de France qui a, pour ainsi dire, jeté dans le creuset les hommes et les choses, en a fait sortir les agrégations avec leur caractère véritable et non équivoque.

On ne doit pas dissimuler, qu'autant par sentiment que par intérêt, Lille tenoit, par des liens très-puissans, à la monarchie. Depuis sa réunion à la France, cette ville n'avoit eu qu'à bénir une puissance, qui, à la vérité, lui avoit fait perdre irrévocablement son indépendance primitive, mais qui avoit protégé son commerce, assuré son repos et l'avoit placé, du moins comme forteresse, au rang des premières cités de l'Europe. Lille devoit regretter, et regretta long-temps un régime qui faisoit son bonheur. Mais circonspecte même dans sa douleur, elle ne la témoigna jamais avec cet éclat, qui, aux yeux des oppresseurs, la change en attentat. Aussi fut-elle exempte de ces secousses violentes qui ébranloient les villes ses voisines. On ne peut prononcer aujourd'hui le nom de l'infortunée Arras, sans réveiller à l'instant l'idée de tous les malheurs et de tous les crimes. Lille ne connut l'épouvantable Lebon que par sa renommée; et si elle eût à gémir sur quelques victimes, c'est moins à ses citoyens qu'il faut en faire le reproche, qu'à quelques étrangers qui vinrent affliger ses murs.

Un grand esprit de calme, beaucoup de prudence et de modération l'ont donc rendue, pendant l'explosion de la mine révolutionnaire, un asile, sinon de bonheur, au moins et de tranquillité. On peut même conjecturer à cet égard, que les malheurs de son siége l'ont préservée de plus grands. Les bourreaux de la France, esclaves de l'opinion, n'auroient osé choisir leurs victimes parmi des têtes couronnées d'un chêne civique, quoiqu'ils aient fini par épargner celles-là moins que d'autres, ce qui a précipité leur ruine. Par suite de ce système, qu'ils n'ont rompu que quand la providence a voulu amener leur destruction ; tandis qu'ils ménageoient le sang lillois, ils sacrifioient celui des habitans de Verdun, qu'ils avoient l'impudence de présenter comme complices de la reddition de cette ville.

Maintenant que l'épée du héros a brisé le couteau des assassins, Lille revient avec plaisir, mais sans enthousiasme, à ses anciennes institutions. Elle voit, pleine d'attendrissement et de reconnoissance, la piété qui indique au pouvoir le rétablissement de ses autels. Le gouvernement d'ailleurs auroit difficilement de plus sincères amis; s'ils ne font pas retentir l'Europe du bruit de leurs sentimens, c'est que fidèles à leur naturel tranquille et même sérieux, ils se contentent de les éprouver, ne demandant que l'occasion de les faire paroître.

L'immoralité qui, de la source impure que la régence et le philosophisme ouvrirent à Paris, coula sur toute la France; l'immoralité a fait à Lille des ravages beaucoup moins effrayans, et sur-tout moins incurables, que dans certaines villes d'une population inférieure. L'oisiveté y est à peu près inconnue, et les divertissemens y ont je ne sais quel caractère de bonhomie qui n'est pas très-loin des mœurs antiques. On y blesse beaucoup moins qu'ailleurs la pudeur des vierges; la foi conjugale n'y est pas tout à fait encore un objet de dérision, et l'on y rencontre des adolescents qui savent rougir.

Les droits du sang, les égards du voisinage ne sont nullement tombés en désuétude. Il est vrai que les convenances d'intérêt président plus aux alliances que celle des cœurs. Mais (est-il temps de répandre cette vérité, et sommes-nous arrivés à l'époque où on ne la traitera pas de sophisme? (il n'y a de véritablement fortuné que les mariages de convenances; par ce que ce sont les seuls auxquels a présidé l'expérience des parens et la raison. Si je raisonnois en jeune homme, en philosophe, ami de la nature, ou en romancier, je pourrois soutenir le contraire, et présenter à l'attendrissement des bonnes ames, une de ces situations pathétiques, qui, mettant le devoir aux prises avec la passion, seroit tellement ménagée, qu'elle détermineroit le triomphe de celle-ci sur celui-là. Mais une dissertation philosophique, une déclamation d'amoureux, une description poétique n'ont jamais rien prouvé, quand elles étoient en sens invers des intérêts de la société. Or, l'intérêt de la société n'a jamais été de placer au milieu du lit conjugal le flambeau de l'amour, que la jouissance, comme on sait, n'éteint que trop vîte. Il faut pour alimens à un engagement aussi sérieux, des flammes plus pures, ou plutôt de plus solides motifs; il faut qu'ils survivent aux habitudes des voluptés, aux incohérences du caractère, et aux revers des circonstances. Quand de jeunes amans bien épris auront prouvé que tous ces avantages sont compatibles avec leur passion, et pourront la remplacer; lorsque des pères de famille démontreront, que loin de contribuer à la félicité de leurs enfans, ils ne peuvent que l'altérer, je tiendrai mon opinion tout au moins pour paradoxale. En attendant, je me permettrai de demander, pourquoi, avant la révolution d'un an, tant de mariages d'inclination présentent l'image de l'enfer; et pourquoi, après le même terme, les mariages de convenance commencent à connoître les douceurs du paradis?

Je suis loin cependant d'applaudir aux préjugés, à l'entêtement et quelquefois aux motifs pécuniaires, quand ils décident uniquement les alliances. Je crois même pouvoir reprocher à Lille d'en souffrir, d'en encourager trop de cette espèce. C'est la suite presque nécessaire de l'esprit de commerce, me dira-t-on; je ne l'ignore pas. Mais cet esprit, poussé jusqu'à la cupidité est-il bien compatible avec la raison et le véritable sentiment? N'est-ce pas, comme l'amour, une passion qui a ses accès, ses écarts; mais qui, plus destructive que l'amour, parce qu'elle est plus tenace, augmente son insatiabilité par les jouissances et son ravage avec les années? Ce n'est point ici le lieu de discuter cette matière d'un objet général. Le grand sens des habitans de Lille, ne manquera pas de la mûrir, et d'en tirer d'utiles conclusions.

Nous avons eu l'occasion de remarquer plusieurs fois qu'ils étoient fort attachés à leurs coutumes locales, et à ces usages que les pères, qui les tenoient des leurs, transmettent à leurs enfans. On ne sauroit trop encourager ce respect pour les établissemens des siècles. C'est un sentiment qui conserve à la fois et qui protège. Qu'on le traite de préjugé gothique et de conception étroite ; cela ne sera pas étonnant dans une période, où toute les innovations furent préconisées, principalement parce qu'elles étoient nées d'hier ; et où toutes les institutions furent renversées, parce qu'elles comptoient des siècles d'existence. Le gouvernement réparateur ne partagera pas des opinions turbulentes nées du délire de l'orgeuil et du mal-aise de l'ambition. Il est convaincu que ceux qui les ont promulguées, et qui, nonobstant une expérience de douze années, les soutiennent encore, sont des myopes en véritable politique, ou des fanatiques de philosophisme et de révolution. Mais il encouragera ceux qui, dans leurs vues profondes, embrassant l'avenir, emploient au maintien de la société les honnêtes foiblesses de ses membres.

Ce qui, dans un âge aussi corrompu que le nôtre, mérite des éloges aux lillois, est leur fidélité à accomplir leurs engagemens et leurs transactions.

transactions. De temps immémorial, ils ont mérité ce renom; jamais ils ne l'ont mieux justifié, que depuis qu'ils auroient pu, même impunément, ne leur servir que de parure. Et ceci n'est point contradictoire avec la sorte de froideur dont ils acceuillent les étrangers. Cette retenue est chez eux, moins un effet de la défiance qu'ils éprouvent, que de celle qu'ils craignent d'inspirer. Au reste, elle dure peu, et la confiance, par laquelle ils la remplacent, leur fait beaucoup plus d'honneur, que cette effusion aveugle que l'imprudence de certaines villes témoigne d'abord; effusion à laquelle elles font souvent succéder la satiété, l'insulte et le dégoût.

§ III. Usages et coutumes.

Nous completterons l'ébauche dont nous venons de crayonner les principaux traits, par quelques citations des usages journaliers et de la vie domestique de Lille. Ce paragraphe pourroit s'étendre presqu'à l'infini, si nous nous livrions à l'attrait de peindre en détail, et, pour ainsi dire dans son déshabillé, une ville, que l'étude que nous en faisons depuis quelque temps, nous apprend chaque jour de plus en plus à estimer. Il faut se borner cependant, et choisir. Dans nos tableaux raccourcis, l'étranger apprendra à considérer, par ses qualités morales, une cité déjà très-importante par sa position et son influence; et le lillois, mieux instruit que nous, aura quelque plaisir à suppléer, par des faits ou par ses réflexions, à nos omissions et à notre insuffisance. Heureux s'il trouve, dans ce foible ouvrage, des motifs d'aimer encore mieux sa patrie !

Quoique nous eussions avancé plus haut que le luxe de Sybaris commençoit à gagner certaines classes de la société, il ne s'étend pas encore de manière à avoir étouffé chez elles l'amour de la simplicité. Cette vertu se fait singulièrement remarquer dans les habillemens. En général, ils sont plus riches que recherchés, et plus solides qu'élégans. Les modes que Paris renouvelle sont imitées de loin, et jamais exagérées. On adopte volontiers celles qui offrent de véritables utilités, mais on signale avec empressement celles qui sont indécentes ou bizarres.

Les tables sont servies avec plus d'abondance que de choix; on y mange, plutôt qu'on y goûte. La cuisine est saine, mais commune, et l'on y connoît peu ces rafinemens que la sensualité emploie pour réveiller des sens émoussés. La bière abreuve la presque totalité des habitans; on la présente dans les repas bourgeois concurremment avec le vin. Le peuple, outre ces boissons, fait grand usage d'eau-de-vie de genièvre. La plupart des déjeûnés se composent de thé fort léger et de tartines; ce sont des tranches fort minces de pain bis, sur lesquelles on étend une légère couche de beurre. Il faut remarquer, comme un usage particulier à quelque ville de l'ancien nord de la France, que cette denrée, nous voulons dire le beurre, s'y prépare et s'y mange avec du sel. On le pétrit, selon le volume, avec une quantité de sel proportionnée, et de cette manière, il se conserve, dans sa première fraîcheur, très-long-temps. Le lait de beurre, appellé à Lille *lait-battu*, y est aussi d'un usage presque général; on le prend en boisson, on en fait des soupes. Nous croyons, que par cette dernière manipulation, cette substance déjà fort aigre, contracte un redoublement d'acidité nuisible à la facilité de la digestion. Nous avons pour garants de ce doute, une multitude d'estomacs détériorés par l'usage habituel du lait-battu.

Les pommes de terre forment, pour les classes inférieures, une nourriture journalière. Elles pourroient la rendre plus saine, en ne l'achetant point des revendeurs, qui se contentent de la faire bouillir superficiellement dans de l'eau. Un petit foyer commun, où, dans un poëlon de fer battu, sur un grillage, ou sous une couche de cendres chaudes, les pommes de terre seroient torréfiées, coûteroit peu à une réunion de travailleuses et d'ouvriers. Ils obtiendroient un aliment sain, léger, substanciel, et qu'on peut rendre très-agréable, en faisant couler, dans le fruit entr'ouvert et brûlant, une petite quantité de beurre.

Nous revenons encore sur la fabrication du pain, qui est vicieuse, par beaucoup de motifs, mais qu'il ne seroit pas impossible de rectifier. La crudité et la pesanteur des eaux nuisent considérablement aux développemens des acides contenus dans le levain; c'est à cet inconvénient, que les boulangers attribuent leur mauvaise manipulation. Leur seroit-il donc si difficile d'y rémédier, en prenant, dès la veille des cuittes, la précaution de donner aux eaux, dont ils doivent se servir, une ébulition de quelque degrés? Il faut ajouter que la manière dont ils pétrissent, en refoulant les masses de pâtes, au lieu de les étendre largement, doit contribuer à rendre le pain lourd et compact. Ajoutez aussi que la cuisson n'est pas portée à un point assez haut; sous les croûtes amollies, l'humidité se rassemble, retombe bientôt sur la mie qu'elle imbibe, et force ceux qui font provision de plusieurs pains, à dévorer, avec une substance à demi décomposée, le levain de plusieurs incommodités. Ce sont des inconvéniens sur lesquels on invoque les lumières de l'hygiène et les yeux de l'administration.

Quoique la police surveille la distribution des viandes, desquelles on n'a pas plus lieu de se plaindre que dans beaucoup d'autres communes; il est un danger sur lequel il est utile d'appeller son attention. Dans plusieurs rues, sont établis des boucheries ou des étals publics, dont les exhalaisons, sur-tout dans la saison des chaleurs ou des pluies, se combinent avec celles de l'atmosphére, dont elles augmentent la mauvaise qualité. Cet abus, qui existe presque généralement dans Paris, où l'on trouve des boucheries jusqu'au centre, ne sauroit être corrigé trop tôt dans une ville comme Lille, où le climat épais s'accorde avec le territoire fangeux, pour accumuler sur elle des vapeurs denses, ou des brouillards méphytiques. Les gens de l'art développeront ces inconvéniens que nous ne pouvons qu'indiquer, mais qui ne sont que trop prouvés par les contagions annuelles, dont les habitans de Lille sont le jouet ou la victime, et auxquelles concourent aussi quelques autres usages non moins pernicieux.

De ce nombre sont les amas d'ordures, soit excrémentielles ou autres, qu'on relève en tas sur le flégard des maisons; qui s'y pourrissent avec d'autant plus de rapidité, qu'elles sont humectées par les eaux corrompues, qui coulent des conduits bannaux aux égouts, et qui dégagent dans l'air des gaz d'un méphytisme âcre et corrosif. Ces mêmes égouts, dont les puisards trouvent peu d'écoulement à travers la glaise de leur lit, sont aussi des foyers pestilentiels. Remués chaque samedi par la chute des lessives de propreté, ils chargent, au loin, l'atmosphère d'émanations putrides. Et si durant ce jour, les gadouars, qui circulent dans les rues, y charient leurs engrais, on peut juger ce qui résulte de cet amalgamme empoisonné.

Nous avons remarqué, en son lieu, que la saveur des légumes, la saveur et le coloris des fruits perdoient infiniment par la double influence du territoire et du climat; nous avons aussi observé que les poissons d'eau douce contractoient dans la vase, dont est formé le lit de la Deûle, une odeur et un goût de marécage. Nous ajoutons que le poisson de mer, excellent et frais, reçoit de l'assaisonnement un nounouveau prix. La saveur des huîtres

est

est sur-tout très-remarquable; on les tire des parcs de Dunkerque, où on les engraisse dans des lits d'algues, de fucus et de roseaux.

La plupart des maisons sont munies de pompes, très-faciles à établir dans un sol, sous lequel à une profondeur de deux à trois pieds, coulent des sources; mais qui ne rendent qu'une eau lourde, froide, aigre, crue, d'une digestion pénible, où les légumes cuisent mal, et où les savons entrent difficilement en dissolution. On est obligé de corriger ses mauvaises qualités, soit par une ébulition préliminaire, soit en y mêlant du riz, de l'orge, ou un peu de sucre.

Les ameublemens des Lillois sont moins recherchés que commodes : on leur voit peu de ces meubles renouvellés de l'antique, que l'art, qui les façonne en acajou, enrichit de bronze ou d'ivoire. Mais, dans beaucoup de maisons, on retrouve de ces armoires gothiques, de ces fauteuils du roi Dagobert, énormes dans leur volume, précieux par leur exécution, et qui, dans la délicatesse de leur sculpture, montrent encore l'habileté de ces siècles qu'on a trop appellés barbares.

Un objet de luxe, à Lille, pour les classes même les moins fortunées, est le linge; mais moins par sa finesse, que par son tissu égal, souple, moëlleux, et par sa blancheur éblouissante. Celui de table est ordinairement damassé, fleuragé, et ouvré, en œil de paon, de perdrix, et en grains d'orge. On en confie le blanchissage à des entrepreneurs, qui le transportent à la campagne, dans des espèces de métairies, où, après l'avoir étendu et mouillé sur l'herbe, ils lui font subir une forte lessive de cendres de bois, de soude, de potasse et de savon noir; après quoi, ils le font dégorger et le rincent par deux à trois fois dans des canaux, où, au moyen de saignées faites aux diverses branches de la rivière, l'eau coule limpide et pure. De grands étendoirs de perches flexibles reçoivent le linge ainsi lessivé; durant la belle saison, par un beau jour d'été, c'est un aspect singulier, que celui de ces voiles qui s'agitent, aux souffles du vent, et bigarrent au loin la verdure, sur laquelle ils se détachent par leur blancheur.

On reproche aux Lillois une certaine indolence physique qui les rend insensibles aux exercices du corps. Cela est en partie vrai pour la promenade, à laquelle ils se livrent peu, sur-tout les classes supérieures. Quant aux subalternes, elles se rendent en foule, aux jours fériés, dans les guinguettes des faubourgs, où parmi la fumée des pipes, et les pots de bière écumeuse, ils oublient les ennuis de leur misère et les fatigues de la semaine. Nous observerons, en passant, qu'en général, les ouvriers sont pauvres, parce qu'ils sont dissipateurs; ce seroit aux administrateurs de bienfaisance, à prévenir, pour eux, les temps de pénurie, de maladie et de défaut de travail, en prélevant sur leur salaire hebdomadaire une petite contribution, dont on formeroit une caisse auxiliaire; car vouloir réduire à la modération et à la sobriété des artisans, qui ne travaillent opiniâtrement durant six jours, que pour s'énivrer le septième, c'est une entreprise qui n'appartient ni aux moralistes ni à l'autorité, mais aux institutions régénérées, dont la génération future pourra seule profiter.

Les estaminets sont des salons de conversation, de rafraîchissemens et de jeux, semblables aux cafés parisiens, à la différence que dans les premiers, un des plaisirs les plus communs, et nous ajoutons, pour Lille, des plus sains, est de fumer. Ces réunions produisent souvent des tableaux dignes de Teniers et de Metzu. Quelquefois, c'est à travers les nuages de tabac, que se soufflent au nez deux négocians, qu'ils discutent et que se conclue une affaire qui fera mouvoir dix mille bras et circuler des millions.

Lille a perdu, par l'éloignement de la frontière, le commerce de contrebande, qui faisoit une partie de son opulence. Le bombardement lui enleva aussi un grand nombre de petites manufactures. Mais elle a gagné, d'une part, la tranquillité, à laquelle, durant chaque guerre, il falloit qu'elle renonçât; et de l'autre, elle a multiplié ses relations dans l'intérieur. La beauté de ses lins, l'excellence de ses huiles peuvent lui assurer par-tout de grands et sûrs développemens dans ces deux branches commerciales. Enfin, pour l'indemniser de ses pertes, le gouvernement vient de transférer dans ses murs le siège de la préfecture du Nord. Cet établissement place au premier rang politique une ville à qui sa position, la grandeur de son enceinte, ses forteresses, sa population et son commerce, assuroient déjà le même degré dans la statistique européenne (1).

---

(1) Je ne saurois quitter Lille, sans chercher à rappeller à la pitié qu'on doit aux

CHAPITRE II.

Hommes célèbres.

§ I.

Alain, dit de Lille. Ce savant, qui florissoit en l'université de Paris vers le milieu du douzième siècle, fut surnommé *le docteur universel*, à cause de ses connoissances étendues

animaux, ceux de ses habitans qui, intervertissant les lois de la nature et les proportions de l'équilibre, contraignent des chiens de toutes grandeurs et de toutes forces à remplir les fonctions seulement réservées aux ânes, aux mulets et aux chevaux. C'est un usage, dès long-temps établi dans cette ville, d'enchaîner, sous un harnois lourd et embarrassant, à une charette remplie de houille, ou d'autres marchandises, ces animaux fidèles qui secouent vainement le frein qu'on leur fait ronger. Je n'ai jamais pu voir sans douleur, pour le temps où il vivoit. Il avoit pris l'habit de St. Bernard, du vivant même de ce père, et, après avoir été abbé de la Rivour, dans le diocèse de Troyes, il devint évêque de cette ville. Il quita l'épiscopat en 1167, pour se jeter dans la solitude. Il assista au concile de Latran en 1180, et mourut à Cîteaux en 1203, âgé de plus de cent ans. Ses ouvrages en vers et en prose, ont été imprimés à Anvers en 1654, in-fol.

Avila, (*Balthasard d'*) né à Lille en 1591, fut chanoine de St. Pierre, puis religieux de l'ordre des

---

je dirai presque sans indignation, un dogue jeune et vigoureux, que la nature et son mâle instinct appellent aux combats, ou à la défense, accablé sous le poids d'un lourd tombereau qu'il traîne en frémissant. Il faut le voir haleter de fatigue, tirer la langue poudreuse, s'affaisser sous le harnois, regarder d'un œil attendri le despote qui l'a fait son esclave, et au moindre geste de bienveillance, agiter la queue et reprendre, avec courage, le fardeau auquel tout le rend si étranger !

Minimes, dont il obtint le généralat en 1649, et mourut dans sa ville natale en 1668. On a de lui l'ouvrage intitulé : *Manipulus minimorum*.

Baudius ou Baudier, (*Dominique*) étoit né à Lille en 1561, et avoit été reçu avocat à la Haye en 1587. Il se distingua comme jurisconsulte et comme littérateur. Parmi ses ouvrages latins, en vers et en prose, on distingue ses poésies, et sur-tout ses vers ïambes, imprimés in-8°. en 1607. Ils sont pleins de noblesse et de feu. On a aussi de lui des harangues et des épîtres, imprimés à Leyde, où il étoit professeur d'éloquence, et où il mourut en 1603.

Bauduin I, comte de Flandre, s'étant croisé pour aller à la terre sainte, fut élu premier empereur latin de Constantinople, après la prise de cette ville par les Français et les Vénitiens réunis, en 1204. On ne pouvoit faire un meilleur choix. Ce prince étoit pieux, chaste, humain, prudent dans ses entreprises, courageux dans l'exécution : il possédoit tous les talens militaires. Le nouvel empereur marcha vers Andrinople, dont il entama le siége ; mais ayant été vaincu et fait prisonnier par les Bulgares, le roi de ces barbares le fit mourir cruellement en 1206. Quelques historiens disent qu'on lui coupa les bras, les jambes et la tête, qu'on jeta son cadavre aux bêtes féroces et aux oiseaux de proie : d'autres, qu'après l'avoir mutilé, on le précipita dans une citerne, où il mourut, au bout de trois jours. C'est la version que nous avons adoptée dans le tableau chronologique des souverains de Flandre. D'autres enfin ont écrit que Joanice, roi des Bulgares, fit garnir d'un cercle d'or le crâne de Bauduin, et qu'il se le faisoit servir dans ses repas, comme une coupe. Cet illustre martyr fut père de la célèbre comtesse Jeanne.

BOURIGNON, (*Antoinette*) naquit à Lille en 1616. Parvenue à l'âge de puberté, elle s'enfonça dans les déserts, déguisée en hermite; l'archevêque de Cambray lui accorda une solitude, où elle forma une communauté, sans autre vœu et sans autre règle que l'amour de Dieu et de l'évangile. Cette singularité la fit renvoyer. Alors, elle alla se renfermer dans une chambre à Lille, où elle vécut seule pendant quatre ans. Elle parcourut ensuite diverses villes, Gand, Malines, Amsterdam, Fraucker, où elle mourut en 1680. Cette fille, d'un esprit foible et d'une tête mal organisée, croyoit avoir reçu de Dieu la commission de réformer le christianisme. On a d'elle 21 vol. in-8°. remplis d'extravagances et de délires ascétiques. Poiret, son disciple, a orné ce receuil de la vie de cette illuminée. Ce qui vaut mieux, elle a fondé plusieurs lits dans l'hôpital dit des Stapaerts.

Bouck, (*le*) avocat, conseiller-pensionnaire de la ville, vivoit en 1644. Il est auteur d'un commentaire sur les successions, selon la coutume de Tournay; imprimé à Douay en 1626.

BRIDOUL, (*Toussaint*) né à Lille en 1595, jésuite. On a de lui plusieurs ouvrages de piété, imprimés à Lille, entre autres, *la Vie de François Cajétan*. Il mourut en 1672.

CHOQUET, (*François-Hyacinthe*) dominicain, né à Lille en 1580. Il publia un grand nombre d'écrits et mourut en 1645.

CUVILLON, (*Jean*) jésuite, d'une famille noble et ancienne de Lille, où il naquit en 1520. Albert, duc de Bavière, l'envoya au concile de Trente, en qualité de son orateur et de son théologien. On a de lui des ouvrages de théologie, imprimés en 1581. Il mourut à Rome.

FARVAQUÈS, (*François*) augustin, né à Lille en 1622, enseigna la théologie à Louvain, et y publia divers ouvrages. Le plus important est celui par lequel il s'efforce d'établir l'insuffisance de l'attrition. Il mourut dans cette ville en 1689.

Feutry, (*Aimé-Ambroise-Joseph*) avocat au parlement de Douai, né à Lille en 1720. Cet auteur est connu par plusieurs poésies, au nombre desquelles on cite *le Temple de la mort* et *les Tombeaux*. Il a aussi traduit de l'anglais plusieurs romans, entre autres *les Aventures de Robinson Crusoé*.

Gauthier de Chatillon, poëte du douzième siècle, est célèbre par son épopée de l'*Alexandriade*, en dix chants. Les conquêtes du roi de Macédoine sont le sujet de ce poëme, dont nous allons traduire librement quelques morceaux. Alexandre, prêt à mourir, s'exprime en ces termes :

» C'est trop long-temps régner
» sur la terre ; je me sens appellé
» à de plus glorieux exploits. Déjà
» le trône qui m'attend s'asseoid sur
» les astres, et je vais, en maître de
» la foudre, commander à l'Olympe.
» Je veux que Jupiter soit jaloux
» de ma puissance, quand il me la
» verra exercer sur les mortels et
» sur les Dieux. Et si jamais les fiers

» Tytans essayoient contre moi leur
» audace, je voudrois qu'ils éprou-
» vassent la force de mon bras. »

Nous joignons ici une description du palais de la victoire, imitée avec succès par l'abbé de M., et à laquelle nous avons fait quelque changemens :

» Ce palais a mille portes, et pour
» peu qu'on les touche, il rend un
» son éclatant par le choc des pier-
» reries dont il est enrichi ; le bruit
» d'un seul gond retentit dans tout
» l'univers. L'ambition, cette mère
» constante des inquiétudes, qui ne
» connoît pas le sommeil, veille et
» soupire tout bas à la principale
» entrée. Dans un salon intérieur,
» est la déesse, assise sur un trône
» d'ivoire, la tête couronnée des
» lauriers du triomphe. Elle est en-
» tourrée des députés des nations
» qui déposent des tributs à ses
» pieds. Aux côtés du trône sont
» ses sœurs, qui ne la quittent ja-
» mais ; la gloire, chantant sur une
» lyre harmonieuse des hymnes

» immortelles; la majesté foulant
» aux pieds le faste antique des siè-
» cles écoulés; la vénération, qui
» en impose aux peuples ; la justice
» incorruptible, qui défend la cause
» des opprimés et protège l'inno-
» cent. Non loin de la déesse, on
» voit la victoire qui affermit son
» empire; elle lui apprend à traiter
» les malheureux avec égard et à
» épargner les vaincus. Près d'elle
» brille l'opulence, dont les mœurs
» étrangères fomentent le vice et
» engendrent le luxe corrupteur. On
» y admire aussi la concorde, qui
» termine la guerre, qui oublie ses
» ressentimens, et qui d'un visage
» serein embrasse ses compagnes ;
» la paix, par qui les sillons ne res-
» tent plus stériles, et l'abondance,
» épanchant sur la terre sa corne
» pleine de trésors. Toute cette cour
» est précédée des applaudissemens,
» qui, mêlant l'agréable au sérieux,
» emploient divers moyens pour
» amuser la déesse; de la faveur
» toujours volage et toujours incer-

» taine ; du rire adulateur placé
» sur une bouche perfide, des fic-
» tions théâtrales, et de cent ins-
» trumens de musique qui exécu-
» tent des concerts, dont la muse
» de l'harmonie dirige les accords. »

Quoique l'allégorie, toujours suivie dans ce morceau, le rende monotone, et peut-être peu digne de l'épopée, il doit être très-remarquable, nous osons même dire très-estimé, relativement à l'époque où l'écrivoit Gauthier. La langue que devoit illustrer Malherbe, Montaigne, Racine et Fénélon, étoit couverte de rouille; ce n'étoit qu'un misérable idiôme, bigarré de lambeaux tudesques, grecs et latins. Les poëtes de l'antiquité dormoient dans une poussière épaisse, et nulle étincelle de goût n'avoit encore percé le cahos littéraire qui obscurcissoit la France. Il ne seroit peut-être pas sans utilité qu'une plume exercée s'occupât à transmettre dans notre langue, les beautés que Gauthier a consacrées dans l'*Alexan-*

driade. Il en a peu du genre de Virgile, mais beaucoup qui semblent appartenir au génie sublime, et quelquefois emphatique de Lucain, que l'auteur aimoit de prédilection, et qu'il a imité avec complaisance.

GHEWIET, (*George de*) avocat, auteur des institutions du droit belgique, imprimées à Lille en 1736.

GIÉLÉE, (*Jacques-Mars*) né à Lille, poëte français, auteur d'un roman intitulé: *le nouveau Regnard*, que quelques auteurs, avec beaucoup trop d'indulgence, ce nous semble, ont comparé à l'inimitable *Don Quichotte*.

HANETON, (*Guillaume*) savant jurisconsulte, né à Lille en 1506. On a de lui plusieurs ouvrages estimés, imprimés à Douai en 1570. Il mourut en 1586.

HANGOUART, (*Vallerand*) théologien habile, aumônier de l'empereur Charles V. On cite aussi parmi les jurisconsultes estimés de ce souverain, Guillaume de Hangouart, conseiller-pensionnaire de la ville,

en

en 1522, Roger de Hangouart, aussi conseiller - pensionnaire, en 1529, et Jean Ruffaut.

Hautin, (*Jacques*) jésuite, né à Lille en 1599, a publié une réthorique imprimée à Douai, une vie du père Vincent Caraffe et plusieurs autres ouvrages de piété. Ils sont écrits en latin. Il mourut en 1671.

Jardin, (*Jacques*) jésuite, né à Lille en 1585. On a de lui un receuil d'élégies sacrées; il mourut à Liége en 1683.

Lobel, (*Mathias de*) né en 1538 à Lille, fut médecin et botaniste de Jacques I, et mourut à Londres en 1616, âgé de 78 ans. Ses ouvrages les plus estimés sont : 1°. *Plantarum, seu stirpium historia*; Anvers, 1576, in-fol. 2°. *Dilucidæ simplicium medicamentorum explicationes et stirpium adversaria;* Londres, 1605. 3°. *Balsami explanatio*, Londres, 1598. 4°. *Stirpium illustrationes*, Londres, 1655.

Miclot, (*Jean*) chanoine de St. Pierre de Lille, où il mourut vers le seizième siècle. Il est auteur d'une traduction des actes de St. Adrien, qu'il dédia au duc Philippe-le-Bon.

MOLAN, (*Jean*) docteur et professeur de théologie à Louvain, né à Lille, et mort en 1585, après avoir publié *des Notes sur le martyrologe d'Uzuard*, et *Militia sacra ducum ac principum Brabantiæ*.

MONNIER, (*Pierre le*) naquit près de Lille en 1552. On a de lui des *Mémoires et observations remarquables d'épitaphes, tombeaux, obélisques*, etc. Lille, 1614.

MORTIER, (*Jérôme du*) né à Lille en 1520, connu par ses poésies latines, imprimées à Arras en 1620. Il mourut de la peste à Lille, en 1580.

NOCKART, (*Jean*) dominicain, natif de Lille, a donné au public des *Commentaires sur Cajétan*, imprimés à Paris en 1514. Il mourut en 1540.

OUDEGHERST, (*Pierre d'*) avocat, né à Lille, établit sa réputation dans le seizième siècle par son habiletè dans l'histoire, la jurisprudence et l'administration. Il est auteur des *Chroniques et annales de Flandre*, écrites avec ordre et sur de bons mémoires.

PETIT-PAS, (*Hippolyte*) seigneur de Gamant, né à Lille d'une famille noble et ancienne, se distingua vers l'an 1560, par son talent pour la poésie latine. Ses ouvrages, que nous sachions, n'ont point été publiés; ils furent transmis à Hippolyte Petit-Pas, son petit-fils, jurisconsulte très-estimé.

RAIMBERT, dialecticien célèbre, professoit à Lille en 1088. Il étoit disciple de Jean le sophiste, chef de l'école appellée des *Nominaux*. Il devint chanoine et écolâtre de St. Pierre, et discutoit contre les *Réalistes*, l'importante question de l'illusion, ou de la réalité de nos idées. On peut remonter à ces deux sectes, pour arriver à la tige des métaphysiciens religieux et des *idéologues* matérialistes, qui depuis sept cens ans ont partagé l'école et le monde.

Roi, (*François le*) jésuite, né à Lille en 1592. On a de lui plusieurs ouvrages de piété et de théologie, imprimés à Lille et à Liége. Il mourut en 1680.

Roi, (*Alard le*) né à Lille, jésuite, auteur des vies de St. Lambert, martyr, et de St. François de Borgia, ainsi que de plusieurs livres de piété. Mort en 1653.

Sylvius, (*Jean*) ou du Bois; né à Lille, où il exerça avec honneur les fonctions de médecin, au commencement du seizième siècle. On a de lui plusieurs ouvrages de médecine, imprimés à Anvers en 1564.

Vincent, (*Jean*) jésuite, né à Lille en 1593, connu par son histoire latine de Notre-Dame de la Treille, et par des poésies latines. Il mourut en 1679.

Walle, (*Théodore van de*) *Theodorus Wallœus;* Augustin, né à Lille, à la fin du seizième siècle, mort dans un âge peu avancé, à Louvain, où il avoit publié une tragédie et plusieurs oraisons latines.

Elles furent imprimées dans cette ville en 1631.

§ II. Historiens de Lille.

Bottin, (*S.*) né dans le département de la Meurthe, a publié en l'an 11 (1802) l'*Annuaire statistique du Nord*. Cet ouvrage, écrit dans les principes les plus philantropiques, présente le tableau exact de cette partie intéressante de la France, considérée dans ses rapports topographiques, politiques, administratifs et commerciaux.

Tout ce qui concerne Lille a été puisé à des sources certaines, l'auteur appartenant à l'administration centrale, par ses fonctions auprès du préfet, dont il étoit le secrétaire intime.

Camus, (*A. G.*) ex-conventionel, membre de l'institut national de France; est auteur d'un *Voyage dans les départemens réunis*, dans lequel ce qui concerne la ville de Lille est écrit avec beaucoup de sa gesse, d'exactitude et d'impartialité.

Délices des Pays-Bas, (l'AUTEUR DES) a terminé son ouvrage par un *Dictionnaire des hommes célèbres des Pays-Bas,* parmi lesquels se lisent les noms de plusieurs Lillois fameux. Leur biographe, assez instruit, médiocre écrivain, les a apprécié avec justesse en impartialité.

Guide des étrangers à Lille, (l'AUTEUR DU) a donné, dans cette brochure utile et classée avec beaucoup de méthode, la description exacte de la ville de Lille et de ses environs. Il l'a fait précéder d'un abrégé de son histoire, résumé sage, clair, et qui dit tout ce qu'il faut sur ce sujet.

Journal de l'attaque de Lille, (LES AUTEURS DU) ont décrit avec autant d'énergie que de précision, les opérations qui ont précédé, accompagné et suivi l'attaque que les Autrichiens firent de cette place en 1792. Leur brochure de seize pages in-8°. a fourni des renseignemens sûrs et précieux à l'auteur de *Lille ancienne et moderne*.

MONTLINOT, (*Charles Leclercq de*) ex-chanoine de la collégiale de St. Pierre, a composé une *Histoire de Lille, depuis sa fondation, jusqu'en* 1434. Cet ouvrage, écrit avec élégance, et quelquefois avec force, est deshonoré par l'acharnement que l'auteur y déploie contre les établissemens religieux, auxquels il appartenoit. Nous nous plaisons à croire que les vues de M. de Montlinot étoient pures ; mais, égarées par la manie du philosophisme qui énivroit alors toutes les têtes, elles sont loin d'être justes. On en trouve la réfutation dans la brochure suivante : *Observations sur l'histoire de Lille*, dont les auteurs, écrivains religieux, très-instruits, mais quelquefois trop caustiques, déconcertèrent tellement l'audace philosophique de l'abbé de Montlinot, que pour échapper à la haine publique, à laquelle ils l'avoient signalé, en révélant ses infidélités, il fut contraint de résigner son bénéfice. Cet historien, digne, par ses talens, d'être l'organe de la vérité, mourut à Paris en 1801.

Regnault-Warin, (*J. J.*) auteur de l'ouvrage intitulé : *Lille ancienne et moderne*, est aussi celui des *Études encyclopédiques*, du *Contemplateur*, de *Roméo et Juliette*, du *Cimetière de la Madeleine*, *Spinalba*, etc., et l'éditeur des *OEuvres de Berquin*, en 28 vol. Il est né en 1775; après avoir rempli différentes places administratives et d'enseignement, il s'est entièrement consacré à la carrière philosophique et littéraire.

Robert de Hesseln, (*N.*) auteur du *Dictionnaire universel de la France*, a, dans le troisième volume de cet ouvrage, inséré, sous l'article *Lille*, un mémoire très-bien fait relatif à cette ville. Les observations et les réflexions dont est semé cet opuscule, le rendent d'autant plus précieux, qu'elles sont énoncées dans un style agréable et concis.

concis. On le doit, dit le rédacteur, à M. le baron *de Bombelle*, officier au régiment de Piémont.

Tirou, (*N.*) écrivoit en 1730 une *Histoire de Lille*, dans laquelle, sous un style incorrect, trivial et diffus, on trouve quelquefois des détails précieux. Les principes qui guidoient cet auteur sont irrépréhensibles; mais les conséquences qu'il en tire sont souvent d'une naïveté qui touche au ridicule. Au surplus, si des écrivains de cette trempe n'ont pas reculé les bornes de la raison humaine, du moins, en respectant celles que la religion et la saine politique ont posées à l'organisation sociale, n'ont-ils pas encouragé leurs lecteurs à la coupable imprudence des innovations et aux fureurs de l'indépendance.

Voyage du premier Consul.

Station de Lille.

DEpuis plusieurs mois, l'Europe s'occupoit du voyage qu'avoit projetté le premier Consul. Les puissances en pressentoient les résultats ; la France désiroit qu'il se réalisât ; peu de provinces l'attendoient plus impatiemment que la Flandre. On brûloit de voir celui qui n'étoit connu que par des bienfaits. La religion faisoit fumer pour lui l'encens dans ses temples ; les amis de l'ordre lui élevoient, dans leurs cœurs, un trophée de reconnoissance. Tout étoit attentif, comme à l'approche d'un grand événement. Le marteau avoit suspendu ses coups ; la navette se reposoit près de la trame à demi-ourdie, et si l'artiste reprenoit son activité, ce n'étoit que pour reproduire et multiplier les traits du héros.

Au milieu de ces émotions d'amour, Lille seroit-elle demeurée glacée, elle dont le patriotisme sage reposa toujours sur les deux grandes bases de l'ordre public, l'attachement à la religion et au gouvernement ? Une telle circonstance devoit le mettre dans tout son jour. Il lui étoit doux de pouvoir expliquer, au cœur qui sauroit la comprendre, les naïfs secrets de son bonheur.

Industrieuse et sans cesse occupée, Lille a peu de momens pour l'indolence ; elle n'en abandonne aucun aux vanités du faste. Tout son luxe éclate dans la propreté charmante qu'elle oppose aux inclémences de l'air et de son territoire. Elle se plut à la déployer dans cette occasion mémorable : ses murs, brunis par les siècles, semblèrent revêtir une robe printanière et virginale ; emblême heureux et doux de cette régénération morale que le premier Consul a substituée à la politique des novateurs.

Des rameaux verdoyans tapissoient les façades de la rue que devoit parcourir son cortége; on avoit suspendu à leurs portiques des guirlandes de roses et de lauriers; le sol avoit disparu sous les fleurs effeuillées. Ça et là, des inscriptions pleines de sentiment rappelloient à la fois les titres de Bonaparte à la gloire, ses droits plus touchans à la reconnoissance et l'amour des habitans de Lille.

Il entra dans la ville au bruit de l'airain tonnant, des cloches retentissantes, des acclamations de l'enthousiasme et de l'allégresse, au milieu du groupe formé par les autorités réunies du département, escorté de la double garde d'honneur que Lille lui avoit déférée et des troupes de la seizième division, parmi des flots d'une multitude avide de le contempler. Sa marche, depuis la première barrière, où le maire lui avoit offert les clefs de la citadelle, du fort et de la ville, jusqu'à la ci-devant intendance, devenue *palais du gouvernement*, avoit été un triomphe continuel, que son illustre et bienfaisante épouse avoit partagé. Les ministres qui accompagnoient le P. C. receuillirent aussi sur leurs pas les applaudissemens dus à la sagesse de leur administration.

A l'entrée de la rue ci-devant Royale, on avoit élevé un arc de triomphe, à peu près sur le modèle de la porte St. Denis. Les deux faces de son entablement étoient enrichies de bas-reliefs, représentant la ville de Lille comblée de prospérités par le génie du commerce et des arts. Ce monument, qui terminoit avec majesté la magnifique perspective d'une des plus belles rues du monde, indiquoit aussi, de ce côté, l'enceinte du palais consulaire; il étoit borné de l'autre par l'étoile de la porte St. André.

Depuis l'arrivée du P. C., qui eût lieu vers cinq heures et demie, jusqu'à plus de minuit, les environs de son palais, aussi bien que toutes les rues qui ouvrent sur la grand'place, et la grand'place même, furent innondées d'une foule toujours renaissante. On a porté de vingt-sept à trente mille le nombre des étrangers rassemblés dans Lille à cette époque mémorable.

Au centre de la grand'place, s'élevoit, sur une immense esplanade, entourée de balustres et de candelabres, un temple d'architecture grecque, bâti en rotonde. A la chute de la nuit, il étincella de mille feux colorés; on en avoit établi des cordons, et suspendu des festons au pourtour de la place, et le long des corniches de la rue ci-devant Royale, au terme de laquelle une étoile de feu bornoit la perspective. Le palais du P. C., les hôtels des ministres, celui de la sous-préfecture, celui de la municipalité, le grand corps de garde, la bourse et plusieurs édifices, tant publics que particuliers, étoient aussi illuminés avec goût et magnificence.

Le P. C. donna, le lendemain, audience aux corps constitués qui lui adressèrent leurs félicitations. M. l'évêque de Cambray parla au chef de l'état, à la tête de son clergé; M. le préfet du Nord le complimenta au nom de son département; il reçut de M. le maire de Lille, des négocians de cette commune et des officiers de sa garnison, des témoignages de respect et d'amour. Ce n'est pas la première fois qu'on a remarqué que le P. C. avoit entretenu chaque individu des objets qui leur étoit personnel.

Le même jour, le P. C. revêtu du costume de général passa sur l'esplanade la revue de la garnison. Il en admira la bonne tenue, applaudit à sa manœuvre et commanda lui-même l'exercice à feu. Des milliers de spectateurs se pressoient sur le rivage et contemploit d'un œil aussi attendri qu'enchanté le Sauveur de la France.

Le soir, le P. C. et madame Bonaparte honorèrent de leur présence le bal paré que la ville leur donnoit dans la salle de la comédie récemment décorée.

Le lendemain le P. C. escorté des états-majors de la division, de la place et de la citadelle, rendit hommage à la mémoire de Vauban, en visitant cette dernière, et en faisant un examen détaillé des fortifications. On lui rendit compte de l'attaque tentée en 1792 par les Autrichiens, contre le poste de Fives; il approuva la défence et plaça, à cet égard, quelques mots glorieux aux braves de Lille.

Les trois jours que demeurèrent le P. C., Mme Bonaparte et leur suite, furent consacrés à la joie et signalés par des fêtes. Ces illustres personnages ont laissé de leurs caractères et de leurs bienfaits un souvenir ineffaçable. Le P. C. a promis de protéger spécialement le commerce et l'agriculture des Lillois; il a compris les pertes qu'ils avoient supportées, et pour en diminuer le poids, il a, cédant aux vœux de tous les administrés, accordé à la ville de Lille le siège de la préfecture du Nord.

Une médaille, frappée par ordre de la Commune, a consacrée et perpétuera le souvenir de ce voyage mémorable.

F I N.

TABLE ANALYTIQUE.

~~~~~~~~~~

AVANT-PROPOS, page *iij*
L'auteur y indique la marche qu'il a suivie et l'esprit qu'il a adopté dans la composition de l'ouvrage intitulé : LILLE ANCIENNE ET MODERNE.

Afin d'en étendre l'utilité à un champ moins circonscrit, il en a considéré l'objet, moins comme une localité isolée, que comme une portion des institutions sociales. Parmi les écrivains qu'il a consultés, il indique ses deux prédécesseurs dans la même carrière, dont l'un a déshonoré son travail, abusé de ses moyens et compromis sa réputation, en sacrifiant aux préjugés du temps ; et dont l'autre, honnête dans ses principes, doit être regardé comme un compilateur crédule, et comme un rédacteur médiocre.

Une note, dans laquelle on indique aux géographes le moyen d'allier à la science qui observe, les agrémens littéraires qui embellissent, termine cet *avant-propos*.

LIVRE PREMIER.

CHAPITRE PREMIER.

Origine et fondation de Lille. 1

Dans l'introduction qui ouvre ce chapitre et l'ouvrage, l'auteur combat l'esprit de philosophisme qui, dans le dernier siècle, voulut substituer aux émotions du sentiment, l'aridité d'une métaphysique désolante. Comme ce système, en s'étendant à toutes les productions de l'entendement, s'étoit singulièrement attaché à corrompre l'histoire; l'auteur dénonce, comme celui qui s'est le plus signalé, dans ces aberrations, M. de Voltaire. Il cherche à prouver combien les idées poétiques, certaines affections morales et les vérités de sentiment, sont préférables aux analyses raisonnées, et favorables à la prospérité des des nations.

Histoire de Lydéric, 10

TABLE.

Salvaër, prince de Dijon, obligé de fuir en Angleterre, avec son épouse Emelgaïde, demande passage à Phinar, tyran de Cambray. Celui-ci ne feint de l'accorder, que pour immoler le fugitif, s'emparer de sa femme et de ses richesses. Il exécute en partie ce pernicieux dessein. La princesse échappe cependant au scélérat. Suivie d'une confidente, elle se réfugie dans une épaisse forêt, où un vieil hermite la secourt. Elle étoit grosse; elle accouche d'un enfant que l'arrivée des soldats de Phinar, l'oblige à cacher sous un buisson. Elle est enlevée. L'enfant, découvert par l'hermite, qui lui donne son nom de *Lydéric*, est élevé par ce solitaire, jusqu'à son adolescence, époque à laquelle il apprend sa destinée, et passe en Angleterre. Après y avoir fait ses premières armes, il se rend à la cour de Clotaire, demande et obtient le combat contre Phinar, qui tenoit toujours en captivité la malheureuse Emelgaïde. Lydéric triomphe du tyran; et pour éterniser le souvenir de sa victoire, il jette les premiers fondemens de Lille, au lieu même où il l'avoit remportée. C'est actuellement

TABLE.

la Place du Château. L'endroit de la naissance de Lydéric, est connu sous le nom de *Fontaine des Saules*, (par corruption de *le Saulx*.) *le Pont-de-Phin* doit le sien à Phinar.

Opinion de quelques historiens qui attribuent à Baudouin IV, la fondation de Lille. Les uns en fixent la date à 1007, d'autres à 1030. On accorde cette version avec la précédente, en conservant à Lydéric le titre de fondateur ; en accordant à Baudouin celui de restaurateur et de bienfaiteur.

CHAPITRE II.
Histoire locale de Lille, 31
§ I. CLERGÉ, 32
1°. *Collégiale de St. Pierre*, Id.
Fondée en 1047. Sa composition. Sa juridiction. Les chanoines étoient *curés primitifs*. — Structure de l'église. Le chœur. Tombeau de Baudouin V. Chapelle de N. D. de la Treille. Magnifique tombeau de Louis de Male. Tableaux remarquables.

Efficacité de la persécution qu'ont éprouvée les établissemens religieux.
2°. PAROISSES, 39

Suppression de celle de St. Pierre. Par qui elles étoient desservies, avant 1789. Tableau des baptêmes, des mariages et de la population à cette époque.

30. MONASTÈRES, 41

Leur nombre. — Les *Dominicains*. Quand établis. A quelle condition ? Décoration de leur église. Tombeau du duc de Melun. Mort du sculpteur. — *Récollets*. Digression de l'auteur sur les institutions de St. François. Parallèle de ses disciples avec ceux de la philosophie moderne. A quoi les récolets avoient été consacrés par la comtesse Margueritte. Construction remarquable de leur église. Tableaux qui la décoroient. — *Capucins*. Leur établissement. A quoi ces religieux étoient utiles. Remarque sur un tableau de Rubens. — *Carmes déchaussés*. Tableau pathétique et moral qu'on voyoit dans leur église. — *Carmes chaussés*. Composition d'un élève du Poussin qui décoroit leur réfectoire. — *Minimes*. Tableau allégorique et vitraux. — *Augustins*. Quel étoit le but de leur institution. — *Compagnie de Jesus*. Remarque sur leur méthode d'enseignement. Comparaison de cette méthode avec la nouvelle. Deux notes, l'une extraite du *Contemplateur*, l'autre de l'*Histoire de Spinalba*, deux ouvrages de M. Regnault-Warin, dans lesquelles il trace le caractère et l'esprit des Jésuites. Rétablissement d'une partie de l'ancienne instruction. — *Monastères de filles*. Falloit-il les détruire ? Résultat de leur suppression. — L'*Abbiette*. Ce qu'étoit ce monastère. — *Monastères d'enseignement*. Leur nombre. Leur utilité. — *Maisons de charité*. Peinture vive et touchante de la Sœur-Grise au chevet du débauché malade. *Autres monastères.* En quel nombre ? Leur fondation. — *Béguinage*. Objet de cette institution. — *Maison de salut*. A quoi destinée.

4°. Colléges, 69

Quel étoit le nombre de ceux de Lille. Nouvelles observations sur l'ancien et le nouveau système d'enseignement.

§ II. Ordre judiciaire, 73

1°. *Administration municipale,* Id.

Esprit de son institution. De combien de magistrats composée. Ses attributs. Son ressort.

TABLE.

2o. *Prévôt*, 74
Ce que c'étoit que cet officier.

3o. *Jurisdictions subalternes*, 75
Leur nombre. Leurs attributions. — *Châtellenie*. Son ressort. Sa population. Son commerce.

4o. *La Gouvernance*, 76
Ce que c'étoit. Sa fondation. Durée de son existence.

5°. *Le Baillage*, Id.
Sa composition. Son ancienneté. Ses attributions. Son ressort.

6o. *Chambre des comptes*, 77
Par qui fondée. Quand suspendue. A quel établissement réunie.

7°. *Bureau des finances*, Id.
Sa création. Ses fonctions. Par quoi remplacé.

8°. *Hôtel et cour des monnoies*, 78
Quand, par qui et pourquoi institué. Marque de son coin.

9o. *Autres jurisdictions*, 79
La maîtrise de Phalempin. — La jurisdiction consulaire. — Le tribunal des maréchaux de France. — La chambre syndicale. Il seroit à désirer qu'on la rétablit. Note sur la question de la liberté de la presse.

CHAPITRE III. 82

Tableau chronologique des souverains de Lille, *Id.*

Ordre et division de ce tableau. 1o. Notice historique. 2°. Les princes contemporains. 3o. Les hommes célèbres du temps.

FORESTIERS DE FLANDRE : *Lydéric* (en 692.) *Antoine.* (...) *Bouchart.* (...) *Estore.* (792.) *Lydéric* II. (836.) *Inguelram.* (852.) *Odouacre.* (863.)

COMTES DE FLANDRE. *Baudouin I.* (879.) *Baudouin II.* (919.) *Arnould-le-vieux.* (968.) *Baudouin III.* (967.) *Arnould-le-jeune.* (988.) *Baudouin IV.* (1035.) *Baudouin V.* (1067) *Baudouin VI.* (1070.) *Arnould-le-simple.* (1072.) *Robert de Frise.* (1077.) *Robert-le-jeune.* (1111.) *Baudouin VII.* (1119.) *Charles I.* (1127.) *Guillaume de Normandie.* (TYRAN. 1129.) *Thierry d'Alsace.* (1169.) *Philippe d'Alsace.* (1190 ou 91.) *Baudouin VIII.* (1194.) *Baudouin IX.* (1206.) *Jeanne de Constantinople.* (1224.) *Marguerite.* (....) *Guillaume.* (1251.) *Guy d'Ampierre.* (1304.) *Robert.* (....) *Louis de Mâle.* (....)

TABLE.

(....) *Marguerite II.* (1404.) *Jean l'intrepide.* (....) *Philippe - le - Bon.* (1467.) *Charles-le-Hardi.* (....) *Marie.* (1506.) *Charles V.* (1558.) *Philippe II.* (1598.) *Albert et Claire Eugénie.* (....) *Louis XIV. Louis XV. Louis XVI.*

 Note. 1o. Sur *les croisades.* Réponse aux calomnies dirigées contre elles par le parti philosophique. 2o. Sur *la chevalerie.* Résumé sur cette institution, 115

CHAPITRE IV.

Siéges de Lille,	120
Premier siége, en 1128,	Id.
Deuxième siége, en 1213,	121
Troisième siége, en 1296,	123
Quatrième siége, en 1667,	125
Cinquième siége, en 1708,	Id.
Sixième attaque, en 1792,	127

Situation de l'Europe. Considérations politiques sur l'intérêt des souverains. Prétexte de la coalition. But réel. — Position respective des Lillois et du prince Albert. Sortie du général Ruault. Camp des Autrichiens. Disposition des assiégés. Journal de l'attaque. Sortie et retraite du général

F f

Duhoux. Journées des 27, 28 et 29 Septembre. Proposition de l'ennemi. Réponse des chefs et des autorités. Bombardement. Incendie du quartier St. Sauveur. Chute de la tour de cette paroisse. Incendie de St. Etienne. Héroïsme des Lillois. Journal du premier Octobre an 8. Retraite de l'ennemi. Résultat.

LIVRE SECOND, 141
CHAPITRE I.
Topographie et statistique, Id.
Position géographique de Lille. Distance de cette ville aux villes voisines. Route de Paris. Etendue. Forme et construction. Portes. Celle des Malades. Fortifications. Citadelle. Nombre de rues et places publiques. La grande place. Bâtimens remarquables. La bourse. Manière dont on bâtit. Edifices remarquables. Division sectionnaire. Nombre des maisons. Population. Contribution. Octroi. Ports. Faubourgs.

CHAPITRE II.
Institutions, 152
Des institutions théoriques et pratiques. Contre les premières, en faveur des au-

tres. Anciennes et modernes. Rétablissement et régénération.

§ I. *Institutions religieuses*, 164

Paroisses. 1°. *St. Maurice* : son architecture. Sa décoration du temps des Iconoclastes. 2°. *St. Sauveur* : goût de sa construction. Ce qu'elle a souffert pendant le siége. Pertes qu'elle a faites. 3°. *Ste. Catherine.* : objets remarquables dans cette église. 4°. *La Madeleine* : sa forme circulaire. 5°. *St. Etienne* : c'étoit l'église des ci-devant Jésuites. 6°. *St. André* : (succursale) son délabrement. Confrairies. Composition des paroisses. Administration pécuniaire. Diocèse d'où elles dépendent.

Dédicaces et Karmesses, 172

Tableau pittoresque de ces fêtes. Célébration religieuse. Jeux de l'arc.

§ II. *Institutions morales*, 178

Comment envisagées. Trois degrés. 1°. *Instruction publique*..... 179. Lycée de Douai. Ancienne école centrale. Ecoles primaires et secondaires. Pensionnats. Hôpital militaire. Bibliothéque. *Museum.* Concours pour l'école polytechnique.

Salle de spectacle. Cirque. Imprimeries. Feuille publique.

2°. *Etablissemens de charité*, 184

Anciens hôpitaux : *Jean-Baptiste St. Sauveur ; hôpital Comtesse.* Fondations hospitalières : 1°. *Gantoises.* 2°. *N. D. de la charité.* 3°. *Conceptionnistes.* 4°. *St. Joseph.* 5°. *St. Jacques.* -- *Charité générale*, d'où dépendoient : 1°. *St. Nicaise, St. Nicolas* et *la Trinité.* 2°. *La bourse commune des pauvres.* 3°. *Les Bleuets.* 4°. *Les Bapaumes.* 5°. *Les Bonnes-Filles.* 6°. *Les Stappaërt.* Composition de ces hôpitaux et occupations de ceux qui les composent. 7°. *Les Vieux-Hommes.* 8°. *La maison de salut.* 9°. *Les Grisons.* 10°. *Les écoles dominicales.* 11°. *St. Julien.* 12°. *Ste. Marie, ou Grismaréts.* 13°. *Les Marthes.* 14°. *Bureau des nourrices.* 15°. *La Noble-Famille.* 16°. *Etablissemens* destinés aux célibataires, filles à marier, gens de métier, etc.

17°. *Hôpital - général*, 192

Construction. Site. Travaux. Approvisionnement. Régime. Qui on y reçoit. Destination des habitans. Alimens.

TABLE. 333

2o. *Hospice St. Sauveur,* 197
Extinction de la mendicité. Administration de l'hôpital-général. Ses revenus. Dépôts de mendicité. Maisons de réclusion.

3o. *Etablissement de sureté,* 201
Maison d'arrêt pour les condamnés. Dépôts de translations. De la fièvre, dite *des prisons.*

4o. *Inhumation,* Id.
Système du matérialisme à leur sujet. Cimetières du Nord.

§ III. INSTITUTIONS POLITIQUES, 204
Pourquoi placées au troisième rang. Comment divisées.

1o. *Administrations,* 205
Sous-Préfecture. Par qui administrée. Fonctions du sous-préfet. Ses bureaux. Observation sur celui de l'*état civil.* Secrétaire ambulant. Conseil d'arrondissement.

Municipalité. Sa composition. Maire et adjoints. Secrétaire. Archives. De quoi formées. Conseil municipal. Commissaires de police. Garde de police. Pompiers.

Enregistrement, timbre et domaines. Forestiers. Contributions. Octroi. Loterie nationale. Monnoies.

2°. *Corps judiciaires*, 220

Juges de paix. Fonctions. Par qui éligibles. Leur nombre. Etendue territoriale de l'arrondissement.

Notaires. Leur nombre.

Tribunal de police. Par qui composé et pourquoi institué.

Tribunaux civils. 1°. *Première instance.* Sa composition. Ses attributs. Son ressort. Ses deux sections. 2°. *Commerce.* Son objet. Jurés.

3°. *Force armée*, 224

De quoi composée. Seizième division militaire. Place de Lille. Citadelle. Artillerie. Garnison. Hôpital militaire. Conseils de guerre. Gendarmerie. Légion d'honneur.

§ IV. INSTITUTIONS ÉCONOMIQUES, 226

Ce qu'elles sont. Leur influence à Lille. 1°. *Agriculture.* Considérations agronomiques sur l'engrais de la *gadone*. Productions du territoire. Plantations. 2°. *Commerce.* Conseil d'agriculture et de commerce. Objets de l'industrie des Lillois. Manufactures. Relations commerciales extérieures et internes.

Navigation de la Deûle 236

TABLE.

Télégraphe,	236
Poste aux lettres,	*Id.*
— aux chevaux,	237
Diligence,	*Id.*
CHAPITRE III,	238

Lille place forte,
FORTIFICATIONS.
Description topographique des fortifications.

Portes et fronts,	239
Citadelle,	243
Deûle, canal. Navigation,	246
Casernes,	247
Exercices militaires,	*Id.*
LIVRE TROISIÈME,	248

CHAPITRE I.
Tableau moral.

Considérations générales. Paragraphe I. *Intelligence.* Constance du caractère lillois. Haine des innovations. Tranquillité dans la crise révolutionnaire. Application à l'industrie. Influence du territoire. Propreté. Simplicité. Situation des trois principales facultés de l'entendement. Idiôme. Description des filteries et huileries. Culture des arts. Paragraphe II. MORALITÉ. Paragraphe III. USAGES ET COUTUMES. Nourriture. Manipulation du pain. Boucheries. Nettoyage. Illumination. Légumes. *Marée* et marchés. — Saveur des huîtres. Pompes; qualités de l'eau. Ameublemens. Finesse et blancheur du linge. Lessive.

Tempérammen. des Lillois. Conseils.

Estaminets. Beauté des lins. Excellence des huiles. Lille, chef-lieu du département du Nord.

Note sur l'emploi que, dans cette ville, on fait des chiens.

CHAPITRE II.

Paragraphe I. *Hommes célèbres*. 294

Cette nomenclature comprend, avec la date de la naissance et de la mort de ceux qu'elle indique, le titre de leurs ouvrages principaux.

Traduction d'une citation du poëme de Gauthier de Châtillon, intitulé: l'*Alexandriade*, 300

Paragraphe II. *Historiens de Lille*, 309

Opinion sur l'abbé de Montlinot, auteur d'une histoire philosophique de cette ville; 311

Voyage du P. C. Station de Lille, 314

Table analytique, 321

Fin de la Table.

www.ingramcontent.com/pod-product-compliance
Lightning Source LLC
Chambersburg PA
CBHW070852170426
43202CB00012B/2046